ABSENDER
Johann Wolfgang Goethe
Christiane Vulpius

Christiane und August im Garten
Radierung nach einer Zeichnung Goethes (1793)

Johann Wolfgang Goethe
Christiane Vulpius

DENN DU BIST MEIN LIEBSTES AUF DER WELT

die Geschichte einer wilden Ehe
aus Briefen und Dokumenten
zusammengestellt
von Michail Krausnick

mit einer Hommage auf
GOETHES CHRISTIANE
von Hanns Dieter Hüsch

Wellhöfer Verlag
Ulrich Wellhöfer
Weinbergstraße 26
68259 Mannheim
Tel. 0621/7188167
www.wellhoefer-verlag.de

Titelgestaltung: Gabriele Roloff, Mannheim
Layout und Satz: Creative Design, Lukas Fieber, Mannheim
Bildmaterial: frei verfügbare oder im Besitz des Herausgebers befindliche Materialien

Das vorliegende Buch einschließlich aller seiner Teile ist urheberrechtlich geschützt. Jede Verwertung ist ohne schriftliche Zustimmung des Verlages unzulässig.
Die Originalbriefe wurden der neuen deutschen Rechtschreibung behutsam angepasst.

© 2011 Wellhöfer Verlag, Mannheim

ISBN 978-3-939540-66-3

INHALTSVERZEICHNIS

Es war ein Skandal
Hofklatsch-Collage   7

Gehe ja nicht in den Krieg
Goethe im Feldlager   15

Lass die Menschen reden
Szenen einer Ehe   33

Ich freue mich Deiner Freude
Christiane in Bad Lauchstädt   55

Leb wohl du Süßer
Hochzeit und Ende   71

Zeittafel   78

Goethes Christiane
eine Hommage von Hanns Dieter Hüsch   85

Nachwort   89

Christiane
Bleistiftzeichnung Goethes (1788)

ES WAR EIN SKANDAL

Zuweilen ging mein Bruder Fritz
auch nach Goethes Gartenhaus,
um zu sehen, wie es dort aussäh.
Eines Tages, wie er unbefangen dorthin geht
und sich allein glaubt, begegnet ihm
ein kleines korpulentes Frauenzimmer,
welche auch daselbst zu Hause zu sein vermeint.
Jenes Frauenzimmer aber war die Mademoiselle,
Goethes spätere Gemahlin.

Ich habe nun das Geheimnis von der Stein selbst,
warum sie mit Goethe nicht mehr recht gut sein will.
Er hat die junge Vulpius zu seinem Clärchen,
und lässt sie oft zu sich kommen etc.
Da er ein so vorzüglicher Mensch ist,
so sollte er nichts tun,
wodurch er sich zu den andern
so herabwürdigt.
Nichts ist einfacher als Goethes jetzige Häuslichkeit.
Abends sitzt er in seiner wohlgeheizten Stube,
eine weiße Fuhrmannsmütze auf dem Kopf,
ein Wollenjäckchen und lange Flauschpantalons an,
in niedergetretenen Pantoffeln und
herabhängenden Strümpfen im Lehnstuhl,
während sein kleiner Junge auf seinen Knien schaukelt.
In einem Winkel sitzt
schweigend und meditierend der Maler Meyer,
auf der anderen Seite die Donna Vulpia
mit Strickstrumpf.
Die Weimaraner plagen und verschrauben Goethe auch.
Was für ein Lärm über das Kind ist, ist unglaublich.
Die regierende Herzogin ist indelikat genug gewesen,
Goethe sagen zu lassen, sie fände es sonderbar,

dass er ihr seinen Bastard alle Tage
vor der Nase herumtragen ließe.

Diese Vulpius ist übrigens
eine kleine unansehnliche Person.

Seine Demoiselle, sagt man, betrinke sich alle Tage,
wird aber dick und fett.
Der arme Goethe,
der lauter edle Umgebungen hätte haben sollen.
Darüber sind alle eins,
dass Goethe diese gemeine Natur nicht heiraten kann;
aber mit welchem Rechte nötigt er uns dann,
ihr zu begegnen und mit ihr umzugehen,
als wäre sie unserer wert?

ES WAR EIN SKANDAL!

Ganz Weimar schüttelte den Kopf!

Charlotte Schiller, Caroline Herder, die Frau von Stein, der Gymnasialprofessor Böttiger und, und, und ...

Alle schüttelten sie den Kopf.

Nicht, dass man prüde gewesen wäre. Im Gegenteil: ein Verhältnis, ein Liebchen, eine Affäre, eine Mätresse – das gehörte damals durchaus zum guten Ton in besseren Kreisen.

Der Herzog höchstselbst war in dieser Hinsicht ein Vorbild, pflückte die Blümelein, wo immer er sie fand, war Vater zahlloser unehelicher Kinder und hielt sich eine Schauspielerin als Geliebte. Aber dass es ausgerechnet die Vulpius sein musste, die mit dem Dichterfürsten und Geheimrat unter eine Decke schlüpfte und ein Kind machte, Christiane, eine von niederem Stande, eine Manufakturarbeiterin ...

> **Arm und kleiderlos**
> **war das Mädchen,**
> **als ichs geworben;**
> **damals gefiel sie mir nackt,**
> **wie sie mir jetzt noch gefällt.**
> **Lass dich, Geliebte, nicht reun,**
> **dass du so schnell dich ergeben!**
> **Glaub es, ich denke nicht frech,**
> **denke nicht niedrig von dir.**

Ausgerechnet die! Jahrhundertelang wurden Nasen und Näschen gerümpft, wenn die Rede von Christiane Vulpius, der Liebes- und Lebensgefährtin des Olympiers die Rede war. Und selbst heute noch mögen sich manche Goethe-Enthusiasten und Bildungsphilister ihren Dichterfürsten lieber im Umgang mit höheren Töchtern, adligen Damen oder schöngeistigen Blaustrümpfen vorstellen und nehmen übel, dass sich ihr vergöttertes Idol jahrzehntelang sinnenfroh zu jener »Mademoiselle Vulpia«, diesem »einfachen Mensch«, herabließ ...

Wird doch nicht immer geküsst;
es wird vernünftig gesprochen;
überfällt sie der Schlaf,
lieg ich und denke mir viel.
Oftmals habe ich auch schon
in ihren Armen gedichtet
und des Hexameters Maß
leise mit fingernder Hand
ihr auf den Rücken gezählt.

Am meisten aber ärgerte die Weimarer Gesellschaft, dass es diesmal mehr war als nur ein amouröses Abenteuer, dass es andauerte, Folgen hatte und dass sich Goethe offen zu der »Verfertigerin künstlicher Stoffblumen« aus der Mode-Manufaktur des Herrn Bertuch bekannte.

An seinen Freund, den Hofprediger Johann Gottfried Herder schrieb er:

WOLFGANG:

Ich gestehe gern, dass ich das Mädchen leidenschaftlich liebe. Wie sehr ich an sie geknüpft bin, habe ich erst auf dieser Reise gefühlt. Da man gegen das Ende weich und sorglich zu werden anfängt, so fiel mir erst nach meiner Abreise ein, dass mein Mädchen und mein Kleiner ganz und gar verlassen sind, wenn ihnen irgend etwas zustieße ... Ich habe ihr gesagt, sich in einem solchen äußersten Fall an dich zu wenden. Verzeih!

Der romantische Beginn ist bekannt.
  Etwa folgendermaßen soll es sich zugetragen haben:

12. Juli 1788, Weimar, Park an der Ilm.
An jenem sommerlichen Morgen, kurz nach der Rückkehr von seiner Italienreise, spazierte Bestsellerautor Johann Wolfgang Goethe unweit seines Gartenhauses im Park »so für sich hin«, als ihm eine brünette junge Frau in den Weg tritt: Johanna Christiana Vulpius. Die Dreiundzwanzigjährige überreicht dem Geheimen Rat eine Bittschrift um Protektion für ihre Familie und ihren Bruder Christian August, einen jungen, gerade arbeitslos gewordenen Sekretär und Schriftsteller. Den fast Vierzigjährigen überrascht das selbstbewusste Auftreten der jungen Frau. Sie gefällt ihm auf den ersten Blick. Und dann geht es verdammt schnell. »Wohlgefallen und Begier flammten auf«, schreibt ein Biograf. Goethe nutzt die unverhoffte Gelegenheit, er bittet die Schöne in sein Gartenhaus, lernt sie kennen und lieben.

**Oftmals habe ich geirrt,
und ich habe mich wiedergefunden,
aber glücklicher nie;
nun ist dies Mädchen mein Glück.**

Die Schauspielerin Karoline Jagemann, als Geliebte des Herzogs in ähnliche Lage wie Christiane, erinnert sich:

»In ihrer Kindheit wohnte sie neben uns und war ein sehr hübsches, freundliches, fleißiges Mädchen: Aus ihrem apfelrunden, frischen Gesicht blickten ein Paar brennend schwarze Augen; ihr etwas aufgeworfener Mund zeigte, dass sie gerne lachte, eine Reihe schöner, weißer Zähne und dunkelbraune volle Locken fielen ihr um Stirn und Nacken. Sie ernährte ihren pensionierten Vater und eine alte Tante durch ihre Geschicklichkeit im Verfertigen künstlicher Blumen und Goethe lernte sie in dieser Dürftigkeit kennen.«

Sicher hatte es da zuvor noch manche andere gegeben, vor allem die Verbindung zu der Seelen- und Geistesverwandten Charlotte von Stein, der siebenfachen Mutter und Gattin des Freiherrn von Stein. Goethes schwärmende Zuneigung und zehnjährige Verehrung der faszinierenden Frau ist in insgesamt 1800 gewaltigen Briefen überliefert, war jedoch als verbotene und aussichtslose Liebe, »rein« und körperlos geblieben und seit der Italienreise, die auch als Goethes Flucht beschrieben wurde, verblasst. In Rom habe Goethe mit einer gewissen Faustina die »Freuden des nackerten Amors« (wieder-) entdeckt und ausgiebig genossen und Charlotte sah ihr Verständnis von platonisch »wahrer Liebe« verraten. Goethe sei in Italien »sinnlich« geworden, mokierte sie sich. Das Feuer war erloschen. Auch wenn mit Christianes Erscheinen zumindest eine gewisse Rivalität aufglomm.

Das »kleine Naturwesen« dagegen, wie Goethe seine Geliebte nannte, macht Karriere. Als er von seinem Herzog das fürstliche Barockhaus am Frauenplan zum Geschenk erhält, darf sie mit, aus der Liebschaft wird eine »Ehe ohne Trauschein«, wie der Dichter das nennt. Christiane versorgt Haus, Garten und Geliebten und 1789 wird der erste Sohn August geboren, das einzige von fünf Kindern, das am Leben blieb.

Ich habe geliebet, nun lieb ich erst recht!
Erst war ich der Diener, nun bin ich der Knecht.
Erst war ich der Diener von allen;
Nun fesselt mich diese charmante Person,
Sie tut mir auch alles zur Liebe, zum Lohn,
Sie kann nur allein mir gefallen.

Im Park von Weimar
Damen von Stand

GEHE JA NICHT IN DEN KRIEG!

Goethe im Feldlager

*Christiane und August
Gemälde von Heinrich Meyer (1792)*

Wie zärtlich und stark die Bande waren, die Goethe an Christiane fesselten, belegt ein umfangreicher Briefwechsel zwischen den »wilden« Eheleuten. Über 600 Briefe sind erhalten, fast alle geschrieben, wenn einer der Partner auf Reisen war und leider fehlen auch in diesem Fall die vermutlich besonders privaten und intimen. Aber die Nachwelt muss ja wirklich nicht alles wissen.

Wir beginnen mit einer Kostprobe aus der Zeit des jungen Glücks, das heißt: Die Flitterwochen sind eigentlich schon vorbei. Zum Kummer und Ärger der Weimarer Gesellschaft geht das »unersprießliche Missverhältnis« nun schon ins vierte Jahr und der »kleine Bastard«, Goethes Sohn August, fängt bereits an, das ABC zu lernen.

Wir schreiben das Jahr 1792. Drei Jahre zuvor war in Frankreich die Große Revolution gewesen, jetzt erklären Österreich und Preußen der jungen Republik den Krieg. Auch der Herzog von Weimar nimmt teil und wünscht, dass ihn sein einstiger Privatlehrer und Freund auf dem Feldzug begleitet.

Christiane war darüber nicht allzu glücklich:

CHRISTIANE:
Wie du ... von uns wech wahrst, gin wir naus und sahn auf dem berch dein Kutsch fahren da fingen wir alle bey eile an zu Heulen und sachten es wär uns so wuderlich.

Originalton Christiane. So sahen die meisten ihrer Briefe aus. Wenn sie nicht gerade diktierte. Man muss sich das in einem breiten Thüringer Dialekt und voller »Rechtschreibfehler« vorstellen.

Doch was soll's? Einen deutschen Staat, den Duden und verbindliche Schreibregeln gab es noch nicht. Und schließlich: Goethes Mutter, Frau Aja, die Herzogin von Weimar und die meisten Damen der adligen Gesellschaft konnten es ja auch kaum besser. Nachgeborene Orthografie-Beckmesser und Bildungsphilister allerdings kreideten Goethes Lebensgefährtin derartige Eigenheiten gern an, übersahen aber, dass der Meister selbst nicht dialekt- und fehlerfrei war, und dass er nicht nur einen Eckermann, sondern auch einen Sprachwissenschaftler für die grammatikalische und ortho-

grafische Ausbesserung seiner Schriften engagiert hatte.
Goethe sah das Unorthografische ohnehin etwas lockerer:

Welche Schrift ich zwei-, ja dreimal hintereinander lese?
Das herzliche Blatt, das die Geliebte mir schreibt.

Wir freilich halten uns, der besseren Verständlichkeit wegen, an die Übertragung späterer Briefwechsel-Herausgeber.

CHRISTIANE:
Stell Dir vor, wie lieb Dich Deine beiden Hasen haben: Wie Du von uns weg warst, gingen wir raus und sahen auf dem Berg Deine Kutsche fahren.
 Da fingen wir alle beide an zu heulen und sagten, es wäre uns so wunderlich.
 Leb wohl und behalt lieb
 Dein kleines Naturwesen.

Nur widerwillig begleitet Goethe seinen Gönner an die »Westfront«. Der Herzog von Weimar besitzt kein eigenes Heer, hat aber den Oberbefehl über ein preußisches Kürassierregiment übernommen. Goethe bezeichnete das später als »kindische Lust am Kriegsspiel«.
 Ganz offensichtlich nehmen die deutschen Monarchen und Fürstchen die »frech gewordenen« revolutionären Franzosen noch nicht allzu ernst, man erwartet ein feudales Abenteuer, eine rasche Kampagne zur Sommerszeit, und träumt davon, bald schon in Paris einzumarschieren ...

WOLFGANG:
Gotha, den 9. August 1792
Es ist gar zu nichts nütze, dass man sich von denen entfernt, die man liebt, die Zeit geht hin und man findet keinen Ersatz.
 Meyer wird Dir erzählen, wie ich in Erfurt bin von Wanzen gequält worden und wie ich mich auch hier vor der Nacht fürchtete. Da sind die Zimmerleute besser, die doch nur morgens pochen.

In Frankfurt nutzt Goethe die Gelegenheit, bei seiner Mutter vorbeizuschauen und für die Geliebte daheim das zierlichste Krämchen, auch »Judenkrämchen« genannt, einzukaufen, darunter verstand man Stoffe, Spitzen, Bänder und Nähgerät.

Zum ersten Mal beichtet Wolfgang seiner Mutter sein eheähnliches Verhältnis mit Christiane. Doch Frau Aja findet das ganz in Ordnung. Hauptsache, ihr Lieblingssohn befindet sich wohl. Ansonsten freut sie sich, dass sie so urplötzlich Großmutter geworden ist, und lässt herzliche Grüße an die »wilde« Schwiegertochter ausrichten ...

WOLFGANG:
Frankfurt, den 21. August
Ich muss Dir nur sagen, dass (es) mir recht wohl gegangen ist, nur dass ich zu viel habe essen und trinken müssen.

Es wird mir aber noch besser schmecken, wenn mein lieber Küchenschatz die Speisen zubereiten wird. Das Judenkrämchen geht auch heute ab und wird nicht lange nach diesem Brief eintreffen. Ich wünschte ein Mäuschen zu sein und beim Auspacken zuzusehen. Es hat mir recht viel Freude beim Einpacken gemacht.

Trier, den 25. August
Wo das Trier in der Welt liegt, kannst Du weder wissen noch Dir vorstellen, das Schlimmste ist, dass es weit von Weimar liegt, und dass ich weit von Dir entfernt bin. Es geht mir ganz gut. Ich habe meine Mutter, meine alten Freunde wiedergesehen, bin durch schöne Gegenden gereist, aber auch durch sehr garstige, und habe böse Wege und starke Donnerwetter ausgestanden. Ich bin hier, ohngefähr noch eine Tagereise von der Armee, in einem alten Pfaffennest, das in einer angenehmen Gegend liegt.

Lager bei Longwy, den 28. August
Gestern bin ich bei dem Herzoge angelangt, habe ihn recht wohl und munter gefunden und schreibe Dir in seinem Zelte mitten unter dem Geräusch der Menschen, die an seiner Seite Holz fällen und es an der andern verbrennen. Es ist fast anhaltender Regen, die Menschen werden weder Tag noch Nacht trocken,

und ich kann sehr zufrieden sein, dass ich in des Herzogs Schlafwagen eine Stelle gefunden habe, wo ich die Nacht zubringe. Alle Lebensmittel sind rar und theuer, alles rührt und regt sich, um sich seine Existenz nur ein wenig leidlicher zu machen. Dabei sind die Menschen munter und ziehen bald aus diesem, bald aus jenem Vorfalle einen Spaß. Gestern kamen zwei erbeutete Fahnen, himmelblau, rosenroth und weiß, einige Pferde, zwei Kanonen und viele Flinten an, worüber man sogleich Regen und Koth vergaß.

Dieses schreibe ich Dir auf französischem Grund und Boden nicht weit von Longwy, das die Preußen vor einigen Tagen eingenommen haben.

Trotz anfänglicher Erfolge macht dem Dichter das feudale Kriegsspiel wenig Vergnügen. Er leidet unter Heimweh, wird von Eifersucht gequält und schreibt an Christiane einen seiner schönsten und heftigsten Liebesbriefe:

WOLFGANG:
Im Lager bei Verdun, den 10. September
Wärst Du nur jetzt bei mir! Es sind überall große, breite Betten, und Du solltest Dich nicht beklagen, wie es manchmal zu Hause geschieht. Ach! Mein Liebchen! Es ist nichts besser, als beisammen zu sein.

Wir wollen es uns immer sagen, wenn wir uns wieder haben. Denke nur! Wir sind so nah an Champagne und finden kein gut Glas Wein. Auf dem Frauenplan solls besser werden, wenn nur erst mein Liebchen Küche und Keller besorgt.

Behalte mich ja lieb! Denn ich bin manchmal in Gedanken eifersüchtig und stelle mir vor, dass Dir ein andrer besser gefallen könnte, weil ich viele Männer hübscher und angenehmer finde als mich selbst. Das musst Du aber nicht sehen, sondern Du musst mich für den Besten halten, weil ich Dich ganz entsetzlich lieb habe und mir außer Dir nichts gefällt. Ich träume oft von Dir, allerlei konfuses Zeug, doch immer, dass wir uns lieb haben ...

Bei meiner Mutter hab ich zwei Unterbetten und Kissen von Federn bestellt ... Mache nur, dass unser Häuschen recht ordentlich wird.

Solang ich Dein Herz nicht hatte, was half mir das Übrige, jetzt da ichs habe, möcht ichs gern behalten.

Dafür bin ich auch Dein.

Verdun, den 10. October
Du wirst nun wohl schon wissen, dass es nicht nach Paris geht, dass wir auf dem Rückzuge sind. Der Krieg geht nicht nach Wunsch, aber Dein Wunsch wird erfüllt, mich bald wieder nahe zu wissen.

Ich habe viel ausgestanden, aber meine Gesundheit ist ganz vortrefflich ... Du wirst einen recht munteren Freund wieder kriegen.

Wenn ich etwas schrieb, was Dich betrüben konnte, so musst Du mir verzeihen. Deine Liebe ist mir so kostbar, dass ich sehr unglücklich sein würde, sie zu verlieren. Du musst mir ein bisschen Eifersucht und Sorge vergeben.

Der Krieg ging ganz und gar nicht nach Wunsch. Die Franzosen nahmen ihre Revolution doch etwas ernster als gedacht.

In der Schlacht von Valmy werden die in starrer Schlachtordnung aufmarschierten Preußen schlichtweg überrannt. Goethe, der unfreiwillige Kriegsteilnehmer, tröstete sich und die geschlagenen Soldaten mit den berühmten Worten:

Von hier und heute geht eine neue Epoche der Weltgeschichte aus, und ihr könnt sagen, ihr seid dabei gewesen.

Der Niederlage folgte ein chaotischer Rückzug, der Monate dauerte.

Christiane ist in größter Sorge. Mal ist der Geliebte in Trier, mal in Luxemburg, mal kurz vor Frankfurt.

WOLFGANG:
Das Elend, das wir ausgestanden haben, lässt sich nicht beschreiben. Die Armee ist noch zurück, die Wege sind so ruiniert,

das Wetter so entsetzlich, dass ich nicht weiß, wie Menschen und Wagen aus Frankreich kommen wollen. Wegen meiner Rückreise bin ich in Verlegenheit. Sehnlichst verlange ich dich wiederzusehen und bin noch immer wie von dir abgeschnitten. Frankfurt ist noch in den Händen der Franzosen, der Weg durch Hessen ist noch nicht sicher.

Ich hoffe, dass du wohl bist. Sei vergnügt, mein liebes Kind, genieße der Ruhe, indes so viele tausend Menschen von Haus und Hof und allen ihren Gütern vertrieben in der Welt umherirren und nicht wissen wohin. Mein einziger Wunsch ist, dich bald wieder zu besitzen.

Erst im Dezember ist Goethe wieder bei seiner Geliebten. Die große Politik aber geht weiter, Frankreich wird Republik. Im Januar 1793 besteigt Ex-König Ludwig XVI. das Schafott.

Goethe hat die Weihnachtstage daheim bei Christiane und dem kleinen August verbracht und an dem Tier-Epos »Reineke Fuchs« geschrieben. Doch im Frühjahr 1793 ruft ihn der Herzog erneut ins Feldlager. Er soll an der Belagerung von Mainz teilnehmen, das noch immer in französischer Hand ist und erst nach Monaten von den Verbündeten eingenommen werden kann.

CHRISTIANE:
Jena, den 13. Mai 1793
Lieber, ich wünsche Dir, dass Du glücklich angekommen bist, mit dem August geht es sehr gut. Gestern sind wir in Burgau gewesen. Da hat mir die Gegend sehr wohl gefallen, die Saale und die schönen Berge und die Dörferchen. Ich wünsche mir nur immer, dass ich das alles mit Dir sehen könnte, und wir könnten so ein paar Schlampamps-Stündchen halten, da wär ich recht glücklich. Ich will aber recht artig sein und mir immer denken, dass die schönen Stunden auch wiederkommen, und wir wollen sie recht genießen.

Leb wohl, Du Süßer. Deine Dich ewig liebende Christel.

Christiane ist in einer misslichen Lage. Sie erwartet zu dieser Zeit ihr zweites Kind. Die Weimaraner machen ihr das nicht gerade leicht.

»Sein Liebchen ist in Kindesnöten und wird vermutlich sterben« hatte es schon vor der Geburt des kleinen August geheißen. Und auch diesmal fehlt es nicht an gehässigen Kommentaren.

Die freie Liebe ohne Trauschein, die der Kirchenfeind Goethe gegen die Konvention behauptet, ist für Christiane keineswegs nur mit Liebe, Lust und Libertinage verknüpft. Auch in Weimar ist das uneheliche Zusammenleben bei Strafe verboten. In vielen deutschen Klein- und Kleckerstaaten wird nach wie vor »Hurerey« und »fleischliche Vermengung« ohne den Segen der Kirche mit Geldbußen, Landesverweis, öffentlicher Auspeitschung, Haareabschneiden und Pranger bestraft, in Baden beispielsweise steht auf »Konkubinat« ein Jahr Gefängnis oder Arbeitshaus. Vor allem trifft es die Mädchen und Frauen, die nicht nur als »Beischläferinnen« und »Huren« geächtet, sondern auch von der eigenen Familie verstoßen werden. Es ist die Zeit der heimlichen Geburten, der »Kindsmörderinnen«. Wir denken an die ergreifende Ballade von Gottfried August Bürger »Des Pfarrers Tochter von Taubenhain« oder die Gretchen-Tragödie im »Faust«.

Zehn Jahre zuvor hatte Goethe, eigentlich ein Gegner der Todesstrafe, als Minister nach geltendem Recht noch der Bestrafung einer Kindsmörderin »durch das Schwert« zugestimmt (zustimmen müssen?). Die junge Dienstmagd hatte ihr uneheliches Kind kurz nach der Geburt getötet. Nach den Hintergründen und dem Kindsvater wurde kaum gefragt. Ganz Weimar, sicher auch die achtzehnjährige Christiane, war aufgefordert, der Hinrichtung auf dem Marktplatz (»als abschreckendes Beispiel«) zuzuschauen.

Das rechtmäßige Unrecht jener (noch vom Mittelalter geprägten) Zeit betraf freilich nur die niederen Stände, vor allem Knechte und Mägde, Bürger, Bauer, Bettelmann. Kaiser, König, Edelmann und in diesem Fall auch Dichteradel waren ausgenommen. Sie genießen das Privileg »Blümelein zu brechen«, das heißt, straffrei schwängern zu dürfen. Selbstverständlich. Undenkbar, dass unser aller Goethe wegen »Unzucht« in den Knast gesteckt worden wäre.

Christiane dagegen ...

Zehn Jahre später freilich, das spielt auch eine Rolle, scheint das juristische Mittelalter vorbei zu sein. Eine neue Zeit ist angebrochen, die Zeit der Französischen Revolution. Und die bedeutete auch für Goethes private Lebensweise eine Revolution. Diesen Zusammenhang betonte er selbst ausdrücklich in einem Brief an Schiller (13. Juli 1796):

**Heute ist die Französische Revolution 7 Jahr
und mein Ehstand 8 Jahr alt.**

Trotzdem: Wenn der Geliebte auf Reisen war, fühlte die schwangere Christiane sich recht- und schutzlos, von Angst- und Albträumen geplagt. Auch wenn Goethe sie und den kleinen August, vulgo die »Dirne« und ihren »Bastard«, unter den Schutz des Herzogs, der Minister und des Hofpredigers Herder gestellt hatte ...

In Charlotte von Steins Beschimpfung der Rivalin als einer »gemeinen Hure« schwingt ja auch jetzt noch die bedrohliche Kriminalisierung mit. Sie meint auch den Dichter und seine »Gewissensehe«.

Und daher versucht Goethe immer wieder, sich und Christiane zu beruhigen und die Boshaftigkeiten der Lästerzungen abzuwehren ...

**Übers Niederträchtige niemand sich beklagt ...
Wirbelwind und trockenen Kot,
lass sie drehn und stäuben!**

Umso zärtlicher schreibt er in der Zeit seiner Abwesenheit an »sein zurückgelassenes eroticon« und begrüßt das werdende Leben als »Frucht der Liebe«. Auf die hochschwangere Geliebte und den noch ungeborenen Sohn hatte er schon früher eines seiner schönsten »Venezianischen Epigramme« gedichtet. Außergewöhnlich und empörend für die Zeitgenossen – einzigartig in seiner Intimität und väterlichen Vorfreude.

**Wonniglich ist's, die Geliebte verlangend im Arme zu haben,
Wenn ihr klopfendes Herz Liebe zuerst dir gesteht.
Wonniglicher, das Pochen des Neulebendigen fühlen,
Das in dem lieblichen Schoß immer sich nährend bewegt.
Schon versucht es die Sprünge der raschen Jugend, es klopfet
Ungeduldig schon an, sehnt sich nach himmlischen Licht.
Harre noch wenige Tage! Auf allen Pfaden des Lebens
Führen die Horen dich streng, wie es das Schicksal gebeut.**

**Widerfahre dir, was dir auch wolle,
du wachsender Liebling.
Liebe bildete dich; werde dir Liebe zuteil.**

Um die folgenden Briefe zu verstehen, ist es hilfreich, dass wir einige Vokabeln aus Goethes Ehesprache näher betrachten. Diesmal wünschen sich beide eine Tochter und sie nennen den ersehnten neuen Erdenbürger scherzhaft ihr »Pfuiteufelchen«, während Christianes Schwangerschaft als »Krabskrälligkeit« firmiert.

Immer wenn sie besonders zärtlich gestimmt sind und sich nacheinander sehnen, schreiben und reden sie von »Hasigkeit«. Dann wollen beide in einem »Schlampamps-Stündchen« fröhlich miteinander »schlampampen«. Was das sein mag?

Übrigens: Beide haben sich auch eigens ein Wort ausgedacht für den »Meister Iste«, den Goethe meistens lateinisch umschreibt, »denn ich Deutscher, ich bin übel als Dichter geplagt«. Er findet kein passendes Wort und statt vom »Schwanz« reden und schreiben beide daher lieber von einem ominösen »Herrn von Schönfuß«, der zu amourösen »Schlender- und Hätschelstündchen« seine Aufwartung macht. »Wenn ich nur erst wieder um Dich bin«, lockt Christiane ihren arbeitswütigen Wolfgang aus Jena heimwärts, »so sollst Du gewiss wieder heiter werden; da soll der Herr von Schönfuß viel da sein.«

»Gramselig« dagegen ist Christiane vor allem dann, wenn ihr geliebter »Geheimbde Rat« allzu lange auf Reisen ist. Dann »gramselt« sie, ist verdrießlich, mit sich und der ganzen Welt unzufrieden. Und nicht selten auch ein wenig eifersüchtig. Denn es könnte ja sein, dass ihr Wolfgang unterwegs einer anderen »Äugelchen« macht oder gar »Augen«, und schlimmstenfalls eine gefährliche Liebschaft entwickelt.

CHRISTIANE:
Weimar, den 24. Mai
Mein Lieber, Du erhältst nun schon den 2. Brief von mir, und ich habe noch keinen von Dir, das betrübt mich: Übermorgen ist es doch schon 14 Tage, dass Du weg bist. Aber freuen wirst Du Dich, wenn ich Dir sage, dass ich gesund und wohl

mit dem Kleinen zurückgekommen bin. Das war eine Freude, wie die beiden Kinder den Schlossthurm wieder erblickten! Da schrie der Kleine: »Mutter! Da ist ja Weimar, nu bin ich froh, da komm ich beis Väterchen.« Denn er glaubt, Du müsstest da sein.

Ich bin recht wohl mit der Krabskrälligkeit. Und nun noch eine Bitte an Dich. In Jena und in Weimar habe ich eine große Bequemlichkeit zu dem Pfuiteufelchen gesehen. Das sind so weiße Saloppen von klaren weißen Zeuge ohne Streifen, ganz glatt; sie werden es in Frankfurt schon wissen.

Wenn Du mir so was schicken wolltest, aber bald, sei aber ja nicht böse, dass ich Dich schon wieder plage.

Leb recht wohl und behalte mich recht lieb, ich liebe Dich unaussprechlich.

Gehe ja nicht in den Krieg und denke an mich.

Nachschrift:
In aller Eile. Itzo, da ich Deinen Brief zumachen will, kömmt das Paket mit dem schönen Habit, ich bin vor Freuden außer mir und springe herum wie ein Kind. Ich bin so vergnügt, dass ich einen Brief von Dir habe.

Die Frau kam, und alles ist zusammen berufen worden, und vor lauter Freuden wird auf Deine Gesundheit eine Flasche süßer Wein getrunken. Adieu, mein Bester.

WOLFGANG:
Lager bei Marienborn, Mai 1793
Ich bin nun wieder, meine Beste, im Lager angelangt, und es sieht ein gut Theil besser aus als vor dem Jahre.

Der Herzog ist recht wohl. Die Armee steht um eine große Stadt, über ein paar Flüsse weg, und man schießt Tag und Nacht. Ich wollte, Du wärst bei mir, so möchte das andre hingehn. Ich war in ein Dorf recht schön einquartiert, da haben mich die Wanzen wie gewöhnlich herausgejagt. Nun schlafe ich wieder im Zelte, angezogen, in einer Strohbucht und habe eine Decke, die uns, hoffe ich, bald wieder zusammen zudecken soll.

CHRISTIANE:
Lieber, ich habe das schöne Tuch und alles erhalten und mich herzlich gefreut. Aber der Gruß von der lieben Mutter ging mir über alles, ich habe vor Freuden darüber geweint.

Ich habe was ohne Dein Wissen gethan, ich habe an die liebe Mutter geschrieben und mich bei ihr bedankt, mein Herz ließ es mir nicht anders zu, ich musste schreiben, Du wirst doch nicht böse darüber?

WOLFGANG:
Du hast recht wohl gethan, an meine Mutter zu schreiben, sie wird es ja wohl lesen können. Sie ist Dir recht gut, denn ich habe ihr erzählt, wie Du so brav bist und mich so glücklich machst.

CHRISTIANE:
Am meisten freu ich mich, dass die liebe Mutter nicht böse auf mich ist; denn das hat mich doch mannchmal betrübt. Im Stillen habe ich darüber nachgedacht. Itzo fehlt mir nichts als Du, mein Lieber, dass ich mich mit Dir freuen könnte und ich Dich an mein Herz drücken könnte und Dir sagen könnte, wie ich Dich immer herzlicher liebe und Du mein einziger Gedanke bist; denn jede Freude ist nur halb, wenn Du nicht dabei bist.

Komm nur recht bald wieder. Die Schätzchen besuchen mich immer, die Wernern und die Burkhardtin, auch ein paar Kose-Weiber haben mich besucht, vermuthlich aus Neugier wegen der Krabskrälligkeit, die itzo ziemlich augenscheinlich wird.

Bald hätte ich Dir vergessen zu schreiben, dass der Kleine sich sehr freut über sein »a b c Buch« und will das »a b c« lernen, er sagt: »Dass ich auch was kann, wenn der liebe Vater wiederkömmt.«

Aber Du sollst ihm ja einen Säbel und eine Flinte mitbringen.
Leb wohl und gehe nicht in Gefahr, ich liebe Dich über alles.

Apropos Spielzeug. Zwar waren sich Mutter und Vater in Erziehungsfragen fast immer einig, doch als Goethe für den kleinen August eine Spiel-

zeugguillotine bestellen möchte, ist sie empört und legt ihr Veto ein. Auch Goethes Mutter ist entsetzt über ihren barbarischen Sohn und weigert sich die Bestellung weiterzugeben: »... *eine solche infame Mordmaschine zu kaufen, das thue ich um keinen preiß, die Jugend mit so etwas abscheuliches spielen zu lassen, ihnen Mord und Blutvergießen als einen Zeitvertreib in die Hände geben. Nein da wird nichts draus.*«

WOLFGANG:
Lager bei Marienborn, den 31. Mai 1793
Heute Nacht sind wir unsanft geweckt worden. Die Franzosen attaquirten das Hauptquartier, ein Dorf, ohngefähr eine halbe Stunde von uns. Das Feuer war sehr lebhaft, sie wurden endlich zurückgetrieben.

Deiner Bitte eingedenk, bin ich erst, da es Tag war und alles vorbei, hinuntergeritten. Da lagen die armen Verwundeten und Todten, und die Sonne ging hinter Mainz sehr prächtig auf.

Behalte mich lieb, ich werde mich um Deinetwillen schonen, denn Du bist mein Liebstes auf der Welt.

CHRISTIANE:
Über all die schönen Sachen habe ich eine große Freude, in den großen Shawl kann ich mich mit allem wickeln. Gesund bin ich und mache mir immer was zu schaffen. Heute bringe ich Deine Schränke und Sachen in Ordnung. Der Saal wird gemacht, die Stube und alles ist in 14 Tagen fertig.

Diesmal ist mir es immer, als kämst Du bald wieder. Denn ich weiß, weil Du mich lieb hast, wirst Du mich in den Umständen nicht bis auf die letzte allein lassen, denn man ängstet sich doch immer. Denn hier ist (es) abscheulich. Ehe ich Deinen vorigen Brief bekam, habe ich vor Angst Tag und Nacht nicht ruhen können, denn es hieß, es wär alles gefangen.

Ich danke Dir recht von Herzen, dass Du mir von Zeit zu Zeit schreibst, denn hier sind die Lügen groß. Ich freu mich, wenn ich höre, dass Du gesund bist, habe mich nur hübsch lieb und begib Dich nicht mit Gewalt in Gefahr.

Wenn Du nur unsern Garten sehen sollst, er ist schön, dass man sich gar nicht heraus sehnet.

Leb wohl und denk an Dein Christelchen, das Dich recht zärtlich liebt, und mache nicht so viel Äugelchen.

WOLFGANG:
Ich bin ruhig und sicher; glaube den Leuten nicht, die alles vergrößern, vorzüglich üble Nachrichten, ich werde mich nicht muthwillig in Gefahr begeben, es lobt einen niemand darum und man hat nur den Schaden.

Sage Deinem Bruder, er möge mir nur manchmal von unserem Theaterwesen ein Wort melden.

CHRISTIANE:
Diese Woche habe ich eine große Betrübniß gehabt, die Gurken ... gingen alle zu Grunde, sodass ich habe frische legen müssen. Du sagtest es dem Gärtner ja gleich, aber der wollte es besser wissen.

Das Pfuiteufelchen hat sich gemeldet und es wird wohl seinen Besuch im October machen. Da bist Du doch wohl wieder da. Ach ja, da lässt Du mich nicht allein!

Du schriebst mir in einem Briefe, es wäre Zwirn dabei, aber ich habe keinen bekommen.

WOLFGANG:
Wenn kein Zwirn bei den Sachen lag, so muss ich ihn vergessen haben einzupacken, vielleicht liegt er noch zu Hause bei dem Bügeleisen ...

Das Wetter war vierzehn Tage hier ebenso schlimm, als es bei euch nur sein konnte. Erst verfror der Weinstock und dann hatten wir Kälte, Regen, Sturm und mussten unter unseren Zelten viel erdulden. Jetzt ist es desto schöner, nicht gar zu heiß.

Wenn wir nur nicht das traurige Schauspiel ansehen müssten, dass alle Nacht die Stadt bombardirt wird und nun so nach und nach vor unsern Augen verbrennt. Die Kirchen, die Thürme, die ganzen Gassen und Quartiere eins nach dem andern im Feuer aufgeht. Wenn ich Dir einmal davon erzähle, wirst Du kaum glauben, dass so etwas geschehen könne.

Tröste Dich ja über Deine Gurken und sorge recht schön für alles, Du machst mir viel Freude dadurch. Wir wollen ja aneinander festhalten, denn wir fänden es doch nicht besser.

Meine Mutter hat Dir geantwortet ... Sie denkt gar gut gegen Dich.

Nimm Dich auch hübsch in Acht, dass Du Dir und dem Ankommenden nicht schadest, küsse den Kleinen und behalte mich recht lieb.

CHRISTIANE:

Deine Briefe, mein Lieber, habe ich alle nach und nach erhalten. Ich hatt in vierzehn Tagen keinen von Dir und hoffte recht herzlich auf ein Wort von Dir. Im Hause reißen sie sich drum, wenn sie sehen, dass es ein Brief von Dir ist, es will mir ihn ein jedes bringen, denn sie sehen es alle gerne, wenn ich mich freue.

Im Hause ist nun alles fertig, der Saal wird Ende der Woche möblirt, die Stühle sind in der Arbeit; itzo werden noch die Ställe ausgeräumt und ich halte so viel als möglich alles in Ordnung.

Habe recht viel Gänse und Hühner angeschafft und habe meine Freude so an dem Wesen. Über meine Gurken bin ich schon etwas ruhiger ... und im alten Garten ist es itzo ganz herrlich: Die Rosen blühen und die Kirschen wollen reif werden.

Nun muss ich Dir etwas vom Kleinen schreiben; der sieht ganz anders aus, viel hübscher, mir kömmt es vor, er sehe Dir sehr ähnlich. Er hat seine Freude sehr an Tieren und einem lebendigen Habicht im Garten und einem Eichhörnchen. Das hat sich aber diese Nacht von der Kette losgemacht und ist fort, da hat er den ganzen Morgen geweint.

Adieu, Du Engel, behalt mich nur lieb, ich küsse Dich in Gedanken.

Die Belagerung von Mainz, wo sich eine »freyheitliche Rheinische Republik«, die erste auf deutschem Boden, gebildet hatte, dauerte insgesamt drei Monate. Goethe, weder ein Freund der Revolution, aber erst recht kein Freund herrischer Willkür, befand sich in einer misslichen Lage. Im Gefolge seines Herzogs stand er auf der Seite der übermächtigen alliierten Armeen, welche die alten, überlebten Zustände der Kleinstaaterei und des Länderschachers wiederherstellen wollten. Kein Wunder, dass mancher Freund und Kollege ihn jetzt als Fürstenknecht ansah und ihm die neutrale Beobachterrolle, die er sich selbst zuschrieb, nicht glauben mochte. Goethe meinte später selbst, dass ihm während der Belagerung von Mainz »der Verstand stille stand«, denn unter den aufständischen Freiheitskämpfern wusste er manchen seiner alten Dichterfreunde. Im Juli 1793 musste sich die Stadt, nachdem sie in Brand geschossen war, ergeben – und Goethe war froh, sich wieder in seine unpolitische Haus- und Gartenidylle zurückziehen zu können.

WOLFGANG:
Frankfurt, den 9. August 1793
Deinen lieben Brief vom 25. find ich erst hier, nachdem er mich überall gesucht hat. Ich kann nun hoffen, balde bei Dir zu sein ... Deine Schuhe, das Bügeleisen und andre Kleinigkeiten bringe ich mit, auch ist der Säbel für den Kleinen fertig. Grüße ihn recht schön und halte ihm allerlei Tiere, da er Freude daran hat ... Behalte mich lieb und lass mich das Hauswesen recht ordentlich und zierlich finden. Es ist doch gar schön, wenn man seiner Geliebten wieder näherkommt.

CHRISTIANE:
Das Abendbrot wird meist im Garten verzehrt. Wenn Du nur wiederkömmst, dass wir noch mannichmal im Garten schlampampen können, da freue ich mich darauf. Nun muss ich noch etwas vom Kleinen schreiben. Er hat sich wieder einen Zahn ausreißen lassen, da sagt er: »Wenn es der Vater haben will, (will) ich mir sie alle lassen ausreißen, dass er mich recht lieb hat, wenn er wiederkömmt.«

Er hat Dich sehr lieb und freut sich, wenn ich sage, dass Du bald wiederkommst. Ich sehe schon im Voraus, wie wir alsdann wieder glücklich sind, denn Du bist mein einziger Gedanke. Gesund bin ich auch, ich trinke alle Morgen Selzerwasser und Milch und das bekommt mir wohl.

Ich bitte Dich, schreibe mir ja bald, wie die Krabskrälligkeit heißen soll, denn einen Taufnamen muss es doch haben. Ich glaube, es wird so lange warten ...

Am 22. August trifft Goethe wieder in Weimar ein und am 22. November endlich ist es soweit. Christiane wird von einer Tochter entbunden. Doch die kleine Caroline lebt nur zwei Wochen.

»Dem kleinen Mädelein seine Rolle war kurtz. Gott! Erhalt dich und was noch übrig ist«, tröstet Goethes Mutter.

Man erzählt, dass Goethe nach der Beerdigung in einen Zustand der Raserei verfallen und nur schwer zu beruhigen gewesen sei.

Die Lästerzungen aber haben ihren Triumph. Obgleich Säuglingssterblichkeit und Totgeburten damals eher die Regel als die Ausnahme waren, geben Missgunst und Hofklatsch dem »sündhaften Leben der geheimräthlichen Mamsell« die Schuld, manche sprechen sogar von einer »gerechten Gottesstrafe«.

*Das Goethehaus am Frauenplan
Kupferstich (1828)*

LASS DIE MENSCHEN REDEN

Szenen einer Ehe

Christiane, schlafend
Bleistiftzeichnung Goethes (1789)

Meine Liebste wollt ich heut beschleichen
Aber ihre Türe war verschlossen.
Hab ich doch den Schlüssel in der Tasche
Öffne leise die geliebte Türe!

Bei der Arbeit war sie eingeschlafen;
Das Gestrickte mit den Nadeln ruhte
Zwischen den gefaltnen zarten Händen;
Und ich setzte mich an ihre Seite,
Ging bei mir zu Rat, ob ich sie weckte.

Da betrachtet' ich den schönen Frieden,
Der auf ihren Augenlidern ruhte:
Auf den Lippen war die stille Treue,
Auf den Wangen Lieblichkeit zu Hause,
Und die Unschuld eines guten Herzens
Regte sich im Busen hin und wieder.

Deine holden Augen sind geschlossen,
Die mich offen schon allein bezaubern;
Es bewegen deine süßen Lippen
Weder sich zur Rede noch zum Kusse;
Aufgelöst sind diese Zauberbande
Deiner Arme, die mich sonst umschlingen
Und die Hand, die reizende Gefährtin
Süßer Schmeicheleien, unbeweglich.

Wär's ein Irrtum, wie ich von dir denke
Wär es Selbstbetrug, wie ich dich liebe
Müsst' ich's jetzt entdecken, da sich Amor
Ohne Binde neben mich gestellet.

**Lange saß ich so und freute herzlich
Ihres Wertes mich und meiner Liebe;
Schlafend hatte sie mir so gefallen,
Dass ich mich nicht traute, sie zu wecken**

• • •

**Leise leg ich ihr zwei Pomeranzen
Und zwei Rosen auf das Tischchen nieder
Sachte, sachte schlich ich meiner Wege.**

**Seh ich diese Nacht den Engel wieder,
O, wie freut sie sich, vergilt mir doppelt
Dieses Opfer meiner zarten Liebe.**

Die Schlafende, die Goethe poetisch gezeichnet und zugleich auf dem Zeichenblock liebevoll skizziert hat, spielte, wie inzwischen auch die Literaturgeschichtsschreibung weiß, nicht nur die wichtigste, sondern auch die am meisten unterschätzte Rolle in seinem Leben:

Christiane, die Geliebte, Gefährtin und Ehefrau des Dichters, wurde lange Zeit von den einen dünkelhaft als dümmliche Haushälterin verniedlicht, von den anderen als berechnende Mätresse verteufelt. Zarte Liebe, herzliche Verbundenheit passten weniger ins Bild. Und gemeinsame erotische Vergnügungen schon gar nicht.

Dabei offenbaren zahlreiche Dichtungen, nicht zuletzt die »Venezianischen Epigramme« und die »Römischen Elegien«, sehr deutlich, welcher Rang dieser Frau als »zärtlich liebender Christel«, als »Gärtnerin seines Glücks« zukam.

**Ich wünsche mir eine hübsche Frau,
Die nicht alles nähme gar zu genau,
Doch aber zugleich am besten verstände,
Wie ich mich selbst am besten befände.**

Apropos. Dass die erotischen Freuden und Vergnügungen eine besondere Rolle auch in dieser Beziehung spielten, war für manche Zeitgenossen na-

türlich ein Ärgernis. Die »Venezianischen Epigramme« und die »Römischen Elegien« geben ein eindringliches Zeugnis der ersten Zärtlichkeit und Liebeswut. Und auch in den geheimen Mappen des Geheimen Rats findet sich in dieser Zeit manches sinnenfrohe Gedicht, das heutigen Schülern wohl kaum Interpretationsmühe bereiten dürfte ...

> **Uns ergötzten die Freuden des**
> **echten nacketen Amors**
> **Und des geschaukelten Betts**
> **lieblicher knarrender Ton.**

Allerdings reichten zur Goethe-Zeit schon weitaus harmlosere Verse, um die Neider und Tugendapostel zu schockieren. Natürlich gab man Christiane alle Schuld an derartigen »Entgleisungen« des Dichterfürsten, ja man sprach sogar von einer sexuellen Hörigkeit. Sicher war Goethe auch in jüngeren Jahren kein Kind von Traurigkeit gewesen, doch nach der Italienreise und der Begegnung mit Christiane sei der 40-Jährige zu wahrer erotischer Leidenschaft erwacht, sagte man ...

Nackend willst du nicht neben mir liegen, du süße Geliebte,
Schamhaft hältst Du dich noch mir im Gewande verhüllt.
Sag mir: begehr ich dein Kleid?
Begehr ich den lieblichen Körper?
Nun, die Scham ist ein Kleid!
Zwischen Verliebten hinweg!

Über die »Römischen Elegien« erregte sich der Gymnasialdirektor Böttiger:
»Alle ehrbaren Frauen sind empört über die bordellmäßige Nacktheit. Herder sagte sehr schön: ›Die ‚Horen‘ müssten von nun an mit dem ‚u‘ gedruckt werden‹. Die meisten Elegien sind bei seiner Rückkunft im ersten Rausche mit der Dame Vulpius geschrieben.«

Und ein österreichischer Dichterkollege entsetzte sich:
»Properz durfte es laut sagen, dass er eine glückliche Nacht bei seiner Freundin zugebracht habe. Wenn aber Herr von Goethe mit seiner italieni-

schen Mätresse vor dem ganzen Deutschland in den Horen den concubitum exerciert, wer wird das billigen?«

Auch die Verfechterin der »reinen Liebe« Charlotte von Stein wertet die freizügigen Verse als öffentlich gemachten Beischlaf und ist entsetzt über das erotische Outing ihres einstigen Verehrers. Dabei hatte sich der Dichter einer strengen Selbstzensur unterworfen und nur einen Teil seiner Elegien und Epigramme veröffentlicht. Das allzu Drastische, Offene und Sinnenfrohe blieb in der Schublade und wurde erst über ein Jahrhundert später freigegeben.

Doch da war unser aller Goethe bereits zum Säulenheiligen und Schulbuchklassiker erstarrt. Und wie schon der einstige Hofklatsch, Neid und Dünkel eine realiter Geliebte nicht akzeptieren mochten, so wollte auch die Goethe vergötternde Nachwelt nicht zur Kenntnis nehmen, dass Christiane nicht nur in dieser Hinsicht nahezu drei Jahrzehnte die »Nummer eins« im Leben des Dichterfürsten gewesen ist. Selbst der ansonsten keineswegs prüde Thomas Mann übernahm Vorurteil, Geschwätz und üble Nachrede und reduzierte Christiane auf »ein schönes Stück Fleisch«.

Übrigens: Aus den Briefen zu schließen, dass Goethe und Christiane häufig getrennt gewesen wären, ergäbe ein schiefes Bild. Die meiste Zeit verbrachten die Eheleute zusammen, erst im Gartenhaus im Park an der Ilm, später im Haus am Frauenplan, einem Palais, das der Herzog von Weimar seinem Freund und Minister geschenkt hatte. Dort residierte der Dichterfürst und Christiane führte die Haushaltung, sorgte tatkräftig für Küche und Garten, kümmerte sich um Gäste und Freunde. In den ersten Jahren freilich blieb sie bewusst im Hintergrund, mit Rücksicht auf die Konvention und die politischen Verpflichtungen.

Da Goethe wie die meisten Schriftsteller nach eigenem Bekenntnis »ohne absolute Einsamkeit nicht das Mindeste hervorbringen« konnte, zieht er sich mit größeren Projekten und zur Zusammenarbeit mit Schiller regelmäßig zu Arbeitsklausuren zurück. Er flüchtete damit keineswegs aus einem »unersprießlichen Verhältnis«, wie spitze Zungen gern verbreiteten, sondern vornehmlich aus den Weimarer gesellschaftlichen Ablenkungen, politischen Amtsgeschäften und höfischen Verpflichtungen.

Zum Beispiel 1797 nach Jena, wo er im Schloss des Herzogs Quartier bezog, um ungestört an »Hermann und Dorothea« arbeiten zu können. Christiane und der mittlerweile achtjährige August sind darüber nicht allzu glücklich und hoffen, dass das Gedicht nicht allzu lang wird ...

CHRISTIANE:

Dass Dir es gut geht, freut mich sehr, ich will recht beten, dass es bald an das Gedicht kommt, dass wir es uns alsdann können recht wohl sein lassen. Es geht mir, seit ich mit dem Schatz bin, alles zum Guten aus, dass ich doch auch einmal zu Deiner Glückseligkeit etwas beitragen muss, und das besteht in Schwarzwurzeln, die hier folgen.

Leb wohl und mache auf dem heutigen Ball ja nicht zu viel Äugelchen.

WOLFGANG:

Ich habe von Hamburg Nachricht, dass sechs Spickgänse an mich unterwegs sind.

Es wird eine mit dem Porto keinen halben Thaler kosten und dafür kann man sie brauchen.

Mit dem Gedichte geht es gut, wie es aber mit Deinem Kommen oder Deinem Abholen werden kann, lässt sich noch nicht sagen.

CHRISTIANE:

Mir ist alles gar nicht recht; man sagt sogar, ich habe sehr üblen Humor.

Ich sehe nicht ein, wie ich es ein halbes Jahr aushalten soll. Und der Kleine fragt mich den ganzen Tage: »Holen wir denn das Väterchen noch nicht bald ab?«

Du musst Dich wegen uns in nichts irre machen lassen. Denn wir waren schon einmal schuld, dass das Gedicht nicht fertig wurde.

WOLFGANG:

Durch die Anwesenheit des Herzogs bin ich ein wenig an meinem Gedicht gestört worden, doch ist es noch recht gut im Gange und wird gewiss fertig, wenn ich mir nur die gehörige Zeit lasse. Ich will nicht eher von hier weggehen, bis das Ganze beisammen ist und bis die drei Gesänge abgeschrieben und fortgeschickt sind.

CHRISTIANE:
Wenn ich nicht gewiss geglaubt hätte, Du würdest heute kommen, so hätt ich Dir am Mittewoche geschrieben, dass ich kein Geld mehr habe, und so gehet es mir nun sehr schlecht, ich bin in größter Noth, denn ich gebe der Köchin alleweile meinen letzten kleinen Thaler.

Bei itziger Zeit ist es wirklich Kunst; denn, wenn Du nicht da bist, es sind unser doch immer sechs zu Tische, und ich habe es die Zeit, dass Du nicht da warst, sehr eingeteilt, sodass die Köchin nicht mit mir zufrieden ist. Freilich weil der Bube krank war, habe ich wieder manche paar Groschen mehr ausgeben und ihm auch wieder etwas Apartes kochen müssen. Von dem Carolin, den Du mir schicktest, habe ich das Komödie-Abonnement bezahlen müssen und Starke den Thaler. Zwei Paar Strümpfe für Dich, habe Holz lassen machen, dem Kutscher Trinkgeld gegeben ...

Die Weiber, die sich etwas Schmu machen, tun doch gar nicht ganz übel, um im Notfall etwas zu haben. Sei so gut und schicke mir durch einen Expressen oder durch die Post was.

WOLFGANG:
Hier schicke ich Dir, mein liebes Kind, etwas Geld, damit Du diese Woche versorgt seist. Wie gern käme ich gleich heute zu Dir. Nur möchte ich abwarten, bis Schiller mit einem Stück seiner Arbeit fertig ist, das er mir vorlesen will. Ich sehne mich recht, euch wiederzusehen, und komme vergnügt zurück, da mir alles nach Wunsch gelungen ist.

CHRISTIANE:
Freitag, des Abends um sechs Uhr
Lieber, ich habe heute Abend große Lust, Dir noch ein paar Worte zu schreiben.

Vors erste, dass ich heute Deine Fenster-Vorhänge gewaschen und getrocknet habe, und dass ich nach aller der vielen Arbeit noch sehr lustig bin und mir alleweile meinen Schatz wünsche. Da Du nun aber nicht da bist, so muss ich mich schriftlich unterhalten. Aus lauter Hasigkeit möchte ich, wenn es nur einigermaßen anginge, ein Wägelichen nehmen und mit dem Bübechen zu Dir fahren, damit ich nur recht vergnügt sein könnte.

Da es aber nicht geht, so will ich sehen, ob ich nicht irgend jemand finde, der mit mir im Garten herumspringt.

Sonnabend früh

Ich bin heute noch sehr hasig, aber gestern war ich gar ausgelassen. Spargel schick ich Dir heut nicht, die Frau von Stein hat sich erkundigen lassen, ob sie nicht etwas Spargel kriegen konnte. Da habe ich heute zwei Pfund hingeschickt durch das Bübechen.

Leb wohl, die Wenzel kommt.

WOLFGANG:

Der Frau von Stein schicke ja von Zeit zu Zeit etwas Spargel und schicke das Kind überhaupt manchmal hin.

Herr Cotta hat sich mit lauter schönen Doppellouisd'oren gezeigt, an denen ich nur erst eine Freude haben kann, wenn ich Dir sie aufzähle, oder sie zu Deinem und des Kindes Nutzen anlege.

Sage mir, was Du lieber magst: ein Goldstück für Dich zum Spaße oder etwas in die Haushaltung?

Lebe wohl. Liebe mich. Sobald ich nur kann, komme ich zurück. Wenn ich aufrichtig sein soll, so ist mir hier noch keinen Tag wohl geworden. In die Veränderung von Schillers Wohnung kann ich mich nicht schicken, es ist mir alles so unbequem und hinderlich.

CHRISTIANE:

Nun, mein allerbester, süperber, geliebter Schatz, muss ich mich ein bisschen mit Dir unterhalten, sonst will es gar nicht gehen.

Erstens muss ich Dir sagen, dass ich Dich ganz höllisch lieb habe und heute sehr hasig bin; zweitens, dass ich am Montag meine Wäsche aufgeschoben habe wegen des Übeln Wetter, und erst heute Nacht gewaschen wird, und ich sehe zu meinem größten Vergnügen, dass das Wetterglas steiget. Drittens habe ich mit Fischer gesprochen. Viertens war die Frau Pastorin von Rössel bei mir, welche ich sehr gut gefüttert habe und welche sich es für eine große Genade schätzt und sehr glückselig ist, wenn mein Vortrefflicher bei ihr logieren will. Fünftens bin ich auf dem Jahrmarkt gewesen und habe mir Seife gekauft.

Nun hoffe ich aber auch, dass mein Allersuperbester auch ein Laubthälerchen an mich wenden wird, weil ich ein so großer tugendhafter Schatz bin.

WOLFGANG:
Ich schicke hierbei schöne Erdbeeren und wünsche, dass sie gut ankommen, leider sind sie schon einige Tage alt; sage dem Kind, wenn es mir hübsche Briefe schreibt, so sollen auf dem Mittwoch noch frischere ankommen.

Die beste Nachricht, die ich Dir zu geben habe, ist denn doch wohl, dass das Gedicht fertig ist. Noch 8 Tage und wir werden einander hoffentlich näher sein.

Das nunmehr fertige Gedicht, es handelt sich um das Hexameter-Epos »Hermann und Dorothea«, erzählt die Liebesgeschichte zwischen einem begüterten Bürgerssohn und einem armen Flüchtlingsmädchen und wurde bald nach Erscheinen eines der populärsten Werke des Meisters. Goethe habe das Werk, so wird berichtet, daheim mit großer Ergriffenheit vorgetragen und damit Christiane, die eigene Lebensmotive wieder entdeckte, zu Tränen gerührt ...

**Nun trat Hermann hervor
und sprach die
freundlichen Worte:
»Lass dich die Tränen nicht reun,
noch diese flüchtigen Schmerzen;
Denn sie vollenden mein Glück**

und, wie ich wünsche, das deine.
Nicht das treffliche Mädchen als Magd,
die Fremde, zu dingen,
Kam ich zum Brunnen;
ich kam, um deine Liebe zu werben.
Aber, ach! mein schüchterner Blick,
er konnte die Neigung
Deines Herzens nicht sehn;
nur Freundlichkeit sah er im Auge,
Als aus dem Spiegel du ihn
des ruhigen Brunnens begrüßtest.
Dich ins Haus nur zu führen, es war
schon die Hälfte des Glückes.
Aber nun vollendest du mirs!
O, sei mir gesegnet!«

Und es schaute das Mädchen
mit tiefer Rührung zum Jüngling,
Und vermied nicht Umarmung und Kuss,
den Gipfel der Freude,
Wenn sie den Liebenden sind
die lang ersehnte Versicherung
Künftigen Glücks im Leben,
das nun ein unendliches scheinet.

Dass Christiane auch in literarischen Fragen und vor allem als Mitarbeiterin des Theaterintendanten eine wichtige Rolle spielte, lässt sich mit zahlreichen Äußerungen belegen. Beispielsweise erinnerte sich Rudolfine von Both:
»Goethe hat uns oft gesagt, dass, wenn er mit einer Sache in seinem Geist beschäftigt wäre, sich die Ideen zu stark bei ihm drängten, er dann manchmal zu weit käme und sich selbst nicht mehr zurechtfinden könnte; wie er dann zu Christiane ginge, ihr einfach die Sache vorlege und oft erstaunen müsse, wie sie mit ihrem einfachen natürlichen Scharfblick immer gleich das Richtige herauszufinden wisse und er ihr in dieser Beziehung schon manches verdanke.«

Selbstverständlich kannte Christiane, entgegen den stetig wiedergekäuten Falschmeldungen, die literarischen Werke ihres Mannes. Viele, wie »Dichtung und Wahrheit« las er ihr vor, andere sah sie im Theater, bekam Gedichte gewidmet und geschenkt (Hermann und Dorothea) und wurde ausdrücklich um ihr Urteil und erstes Lektorieren gebeten.

1809 sandte Goethe einen Satz Druckfahnen (Die Wahlverwandtschaften) an Christiane und ihre Gesellschafterin mit dem Auftrag:

1. Dass ihr es bei verschlossenen Türen leset.
2. Dass es niemand erfährt, dass ihr's gelesen habt.
3. Dass ich es künftigen Mittwoch wiedererhalte.
4. Dass mir alsdann zugleich etwas geschrieben werde von dem, was unter euch beim Lesen vorgegangen.

In diesem Sinne also zurück zum Briefwechsel, der weniger die monumentale Seite des verehrten Klassikers zeigt, sondern uns erlaubt, auch einmal einen Blick hinter die Kulissen zu werfen.

Wobei es vielleicht manche Goethe-Enthusiasten befremden mag, den Dichterheros als »Süßer«, »Liebster«, »Engel« oder »Allersuperbester« angeredet zu finden.

CHRISTIANE:

Mit Deiner Arbeit ist es schön: was Du einmal gemacht hast, bleibt ewig; aber mit uns armen Schindludern ist es ganz anders. Ich hatte den Hausgarten sehr in Ordnung, gepflanzt und alles.

In Einer Nacht haben mir die Schnecken beinahe alles aufgefressen, meine schönen Gurken sind fast alle weg und ich muss wieder von vorne anfangen.

Es soll eine besondere Art Schnecken sein, die alles aufzehren. Es kommt gewiss von dem vielen Regen. Doch was hilft es?

Es soll mir meinen guten Humor nicht verderben.

Und nun muss ich Wäsche aufhängen.

Hin und wieder begleitet Christiane ihren Geheimen Rat auf Reisen, nach Frankfurt zur Mutter Aja, nach Jena zu Friedrich Schiller und manchmal ist sie auch eigenständig mit Sohn August oder Bekannten unterwegs. Oder sie sieht auf Goethes Landgut in Ober-Roßla nach dem Rechten und organisiert ein üppiges Festessen ...

CHRISTIANE:
Unsere Fahrt ist sehr gut abgelaufen. Das muss ich Dir alles mündlich erzählen. Die Reise soll uns in Schlampampsstündchen unterhalten ... Bekanntschaften gibt es nunmehro in Jena bald aus allen Weltteilen ... und ich freue mich sehr auf Sonnabend, und dass ich Dir wieder sagen kann, dass ich Dich nur ganz allein liebe und mich mit Dir wieder freuen kann. Denn alle Freuden sind ohne meinen Schatz nichts. Alle andere Männer und Äugelchen kommen mir abgeschmackt vor ... Was ich bestellt habe zu essen:

1. Erstens eine Sago-Suppe.
2. Rindfleisch mit Senf.
3. Grüne Erbsen mit jungen Hühnern.
4. Forellen oder Back-Fische.
5. Wildprets-Braten und Gänse.
6. Torte und Rührkuchen.

Kein Wunder, dass Goethe bei solchen kulinarischen Genüssen, ebenso wie Christiane, immer beleibter (»entsetzlich fett«) wurde und oft zu Trink- und Badekuren reisen musste. Nicht selten ist Christiane in Sorge, dass ihr super-allerbester Wolfgang in der Ferne darben könnte:

CHRISTIANE:
Dass es Dir mit dem Essen nicht gut geht, betrübt mich; ich wünschte, ich könnte mich alle Tage ein paar Stunden unsichtbar machen und Dir kochen, da sollte es wohl schmecken. Die alte Götzen könnte aber ... sagen, wie Du es gerne issest, und lass Dir ein paar junge Hasen schießen, und es gibt auch schon in Jena junge Hühner, habe ich gehört. Hier schicke ich Dir etwas Spargel.

... und so will ich Dir nur sagen, dass ich mir feste vorgenommen habe, Dich unverhofft zu besuchen. Wenn Du einmal auf Abend nach Hause kommen wirst, so wirst Du Dein Schätzchen finden und Dich gewiss freun.

Schreibe mir, wie es mit Deinen Arbeiten geht ... wenn es Dir nicht glücken will, so komm lieber zu mir. Du musst mir es nicht übel nehmen, ich bin Dein Hase und möchte nur immer bei Dir sein.

Äugelchen könnte ich hier genug machen, aber ich finde kein Vergnügen daran. Wenn Du hier bist, mache ich eher manchmal welche; aber wenn Du nicht da bist, geht es gar nicht ...

WOLFGANG:
Ich will Dir einmal selbst schreiben, um Dir herzlicher zu sagen, dass ich Dich liebe ...

Meine Arbeiten fangen an zu rücken, doch langsamer als sonst. Ich bitte Dich daher, nicht unvermutet herüberzukommen; ich muss es wieder auf meine gewöhnliche Art halten und hier so lange in Einem Stücke arbeiten als ich mag und kann. Alsdann wollen wir wieder vergnügt beisammen sein. Äugelchen gibts hier gar nicht, die alten sind abgestorben, und Neues ist nicht nachgewachsen...

Christianes »guter Humor« hat in Weimar nach wie vor manches zu erdulden. Auch wenn sich ihr gesellschaftlicher Status an der Seite des Dichterfürsten und als Herrin des großen Hauses am Frauenplan zunehmend festigt, von einem (vor allem weiblichen) Großteil der sogenannten besseren Gesellschaft wird sie um so heftiger angefeindet.

Während die knapp 6000 Einwohner zählende Kleinstadt dem Adel gern die Seitensprünge, Affären und Mätressen nachsieht, haben nur wenige für Goethes »Liebes- und Gewissensehe« Verständnis.

Christiane wird weiterhin als Mamsell Vulpius, als Haushälterin, als »italiänische Mätresse« oder schlichtweg als »Vulpia« verächtlich gemacht; ihre magere Rivalin Charlotte von Stein verspottet sie als »Goethes dickere Hälfte«. Und deutschlandweit wird verbreitet, sie sei ungebildet und ein

Unglück für den edlen Geist. Ganz allgemein herrscht die Meinung vor, dass man so einer niederen Person weder die Hand noch eine Tasse Tee reichen könne. Als Haushälterin habe sie im Hintergrund zu bleiben.

Vor allem die »besseren« Damen halten auch über zehn Jahre danach immer noch Ausschau nach einer anderen, ebenbürtigen Partie. Und dabei werden bisweilen sogar boshafte Intrigen gesponnen:

CHRISTIANE:
Itzo gehen die Winterfreuden an und ich will mir sie durch nichts lassen verbittern. Die Weimarer täten es gerne, aber ich achte auf nichts.

Aber sie können einen gar nicht in Ruhe lassen. Vorgestern in [der] Komödie kommt Meisel und fragt mich ohne Umstände, ob es wahr wär, dass Du heurathst. Du schafftest Dir ja schon Kutsche und Pferde an.

Ich wurde den Augenblick so böse, dass ich ihm eine recht malicieuse Antwort gab, und ich bin überzeugt, der fragt mich nicht wieder. Weil (ich) aber immer daran denke, so habe ich heute Nacht davon geträumt. Das war ein schlimmer Traum.

Ich habe dabei so geweint und laut geschrien, dass mich Ernestine aufgeweckt hat, und da war mein ganzes Kopfkissen nass. Ich bin sehr froh, dass es nur ein Traum war.

Und Dein lieber Brief macht mich wieder froh und zufrieden. Es gibt recht gutes Eis und ich will wieder Schlittschuh fahren ...

WOLFGANG:
Lass die Menschen reden, was sie wollen. Du weißt ja die Art des ganzen Geschlechtes (ist), dass es lieber beunruhigt und hetzt als tröstet und aufrichtet.

Dass sie in Weimar gegen Frau von Stael Übels von Dir gesprochen, musst Du Dich nicht anfechten lassen. Das ist in der Welt nun einmal nicht anders, keiner gönnt dem andern seine Vorzüge, von welcher Art sie auch seien; und da er sie ihm nicht nehmen kann, so verkleinert er oder läugnet sie oder sagt gar das Gegenteil.

Wir wollen in unsrer Liebe verharren und uns immer knapper und besser einrichten, damit wir nach unserer Sinnesweise leben können, ohne uns um andere zu bekümmern.

Sicher gab es zwischen Goethe und Christiane, wie in anderen Beziehungen auch, Misshelligkeiten und kleinere Krisen, doch gerade die Widerstände von außen bestärkten beide im Festhalten an ihrer Liebe. Das Leben einer Schriftstellergattin ist ja auch nicht gerade das leichteste. Die Würdigung Christianes von Hanns Dieter Hüsch am Ende dieses Buches hebt das besonders hervor.

Nebenbei: wenn die Briefe des Meisters im Vergleich zu denen seiner »Hausgenossin« zunehmend ein wenig steif und gestelzt wirken, das hat seinen Grund: Er ist nicht allein. Ein Sekretär, eine hilfreiche Feder, ein John, Meyer, Riemer oder Eckermann ist immer dabei. Auch auf Reisen. Der Schriftsteller ist mit den Jahren außerordentlich schreibfaul geworden und in letzter Zeit hat er kaum eines seiner Werke selbst zu Papier gebracht.

Er behauptet sogar, er könne gar nicht richtig schreiben, weil er so schnell denke, dass seine Feder nicht nachkommt. Auf jeden Fall braucht er fast immer eine hilfreiche Hand. Selbst beim Briefeschreiben.

Das Diktieren hat sich Goethe im Verlauf seiner politischen Karriere angewöhnt. Als Verkehrsminister, als Chef der Finanz- oder Kriegskommission oder als Leiter des Weimarer Hoftheaters und der Universität zu Jena braucht und verbraucht der geniale Beamte einen ganzen Stab von Mitarbeitern und Sekretären. Das hat auf sein Privatleben und auch auf seine literarische Produktion abgefärbt. »Goethes Werke«, das ist fast schon eine kleine Fabrik: Naturforscher, Künstler, Philologen beraten den Meister, Schreiber und Sekretäre erledigen die weltweite Korrespondenz, und Goethe hat sogar einen richtigen Professor engagiert, der am Schluss noch einmal alle Manuskripte nach grammatikalischen und orthografischen Fehlern durchschaut, bevor sie an den Verleger Cotta abgeschickt werden.

Auch der einst bettelarme Schriftsteller Christian August Vulpius hat mittlerweile, nicht zuletzt dank Goethes Promotion, Karriere gemacht, arbeitet im Goethe-Team als Theaterautor, Bibliothekar und wird schließlich

Großherzoglicher Rat. Vor allem mit seiner Italo-Abenteuerromanze um den Räuberhauptmann Rinaldo Rinaldini erreicht Goethes Schwager Bestsellerauflagen. Um ihren Bruder braucht sich Christiane also keine Sorgen mehr zu machen.

CHRISTIANE:
Heute, mein Lieber, ist das Kistchen von Frankfurt angekommen, ich habe mich sehr gefreut!

Die gute Mutter! es kostet ihr gewiss viel, denn es ist alles sehr schön.

Nun wünschte ich nur, der heilige Christ verlor in Jena 10 Ellen weißen Halb-Atlas, die Elle zu 12 Groschen, das wären fünf Thaler; das wäre dem heiligen Christ ein Leichtes. Oder nur fünf und eine halbe Elle Calico-Halb-Atlas, das wären nur zwei Thaler, 18 Groschen, die Elle zu 12 Groschen. Das müsste der heilige Christ aber bald verlieren; solltest Du ihm etwa unverhofft begegnen, so kannst Du mit ihm darüber sprechen.

Du musst aber ja nicht böse werden, dass ich Dich mit solch einem Auftrage beschwere; ich werde auch nicht böse, wenn es mir abgeschlagen wird.

Wenn er nichts verliert, so ziehe ich mich wieder wie das vorige Mal an und bin auch zufrieden.

WOLFGANG:
Mein Mittagstisch ist wie immer nur zur Noth genießbar; gestern habe ich mir, durch ein Gericht Meerrettig, den ganzen Nachmittag verdorben. Götze hat mir fürtreffliche Knackwürste ausgemacht, sie mögen nur ein klein bisschen zu stark gesalzen sein. Deine bleiben noch immer die besten. Sorge ja bei der neuen Schlacht dafür, dass sie gut werden.

Schicke mir das Schweinewildpret, und frage beim Hofkammerrat an: ob er Dir etwas Caviar ablassen möchte?

Wenn Du mich damit vorsorgst, so bringe ich Dir auch einige Flaschen Champagner mit.

CHRISTIANE:

Es betrübt mich recht, dass mein lieber Schatz so übel mit dem Essen daran ist; das ist immer das Schlimme bei Deinem Aufenthalt in Jena. Der Schnee geht leider hier auch fort, aber ich habe mir die paar Tage noch große Freude gemacht: der Kutscher hat mir das Fahren gelernt. Gestern habe ich mich ganz allein in den Schlitten gesetzt und gefahren und der Kutscher hat hinten darauf gestanden und mit einer großen Karbatsche geklatscht, und ich bin in der Stadt durch alle Gassen und um alle Ecken recht gut gefahren und habe mir großen Ruhm erworben. Der Herr von Hinzenstern und der Hauptmann Egloffstein, die haben mich sehr gelobt. Wenn Du wiederkommst, und wir kriegen noch etwas Schnee, so musst Du mir erlauben, dass ich Dich einmal fahren darf.

Bevor wir Goethe wieder heimwärts kutschieren lassen - eine Anmerkung zum Thema Reisen.

Eine Qual, eine Tortur, eine Marter, so die einhellige Meinung in Reiseberichten der Zeit. Die Straßen: Fahrspuren durch Sand, Lehm, Gestein und Wiesen, nur notdürftig geschottert, eine Kette von Schlaglöchern. Die Kutschen: Innen zwar gepolstert, aber nur dürftig gefedert. Die Reisegeschwindigkeit: Nicht selten Schritttempo. Bisweilen wurde von den Passagieren verlangt, bei Steigungen die Kutsche zu verlassen und schieben zu helfen. Immer wieder berichten Goethe und Christiane von Unfällen: Rad- und Achsenbruch, von Pferden, die durchgehen, stürzen, mitsamt der Kutsche umfallen. Auf der Heimfahrt von Heidelberg (1815) mag der sechsundsechzigjährige Geheime Rat nach einem Unfall nicht auf die Reparatur warten und setzt einen Teil der Strecke lieber zu Fuß fort.

Laut Fahrplan brauchte die Schneckenpost zur Goethezeit für die Strecke von Frankfurt nach Stuttgart vierzig Stunden plus vierzehn Stunden Aufenthalt, man war also zwei Tage und zwei Nächte unterwegs. Heute braucht man auf der Autobahn vielleicht zweieinhalb Stunden.

Sicher standen Goethe als Geheimrat, Minister und Freund des Herzogs bessere Kutschen zur Verfügung als der regulären Post, und sicher war das Sitzfleisch der Passagiere damals noch nicht so verzärtelt und anspruchsvoll wie das unsrige. Trotzdem: Ein reines Vergnügen war das Reisen zur Kerzenleuchterzeit bestimmt nicht, eher ein Schicksal, das man geduldig erlitt oder ein Abenteuer, das gewagt sein wollte ...

Im Sommer des Jahres 1797 geht Goethe erneut auf Reisen, diesmal privat, zum dritten Mal ist die Schweiz sein Ziel.

Diese Reise sei eine Prüfung, Krise und Wendepunkt der Beziehung gewesen, mutmaßen die Biografen. Auf jeden Fall war es, soweit wir wissen, für Christiane die schmerzlichste aller Trennungen.

Zunächst jedoch verläuft der Abschied in Harmonie.

Christiane und August begleiten ihn bis Frankfurt, wo sie im Haus von Goethes Mutter, der Frau Rätin, wohnen. Dabei lernt Frau Aja zum erstenmal den »Bettschatz« ihres »Hätschelhans« persönlich kennen und lieben. So sehr sie auch bedauert, dass ihr Sohn partout nicht vor den Altar will.

Dass das Reisen in kriegerischen Zeiten für eine Frau allein nicht ganz ungefährlich war und Christiane deshalb hin und wieder auch wehrhaft sein musste, zeigt sich auf der Rückreise. Als sie in der Nähe von Hanau Soldaten kommen sieht, wird ihr bang und sie lässt demonstrativ ihre Pistolen »ein bisschen weiter als sonst herausgucken«. Und aus Neuhof berichtet sie:

CHRISTIANE:
Der Kutscher kam nicht wieder. Wir sind sehr schlecht logirt und werden nicht viel zu essen haben. Das ganze Haus ist voll Kaiserlichen Soldaten; ich bin mit meinen 2 Pistolen durch 50 Mann ins Haus gegangen und es hat keiner gepiepst.

Wieder nach Weimar zurückgekehrt, zieht Christiane trotz aller »Schröcken« eine durchweg positive Bilanz ...

CHRISTIANE:
Lieber Schatz, ich bin sehr heiter und vergnügt, wenn ich an unsere Hinreise nach Frankfurt denke. Und die liebe Frau Rath hat uns so gut aufgenommen! Ich glaube, ich bin nach der Reise ganz anders, ich komme mir ganz glückselig vor. Ich werde wohl

nie wieder gramselen und will nun auch alle meine guten Freunde besuchen und etwas von Frankfurt erzählen. Wenn nur etwas Wein käme, sonst werde ich doch ein bisschen unglücklich, und auf Deinen Geburtstag da müssen doch auch etliche Bouteillen aufgehn. Was recht übel war, dass wir in Frankfurt keinen Champagner getrunken haben. Das betrübt mich ordentlich. Leb itzo wohl.

Aber wenn Du wiederkommst, so will ich Dich auch lieb haben, so wie Du es Dir gar nicht denken kannst.

WOLFGANG:
Du glaubst nicht, wie ich Dich vermisse. Nur jetzt wünschte ich reicher zu sein, als ich bin, dass ich Dich und den Kleinen auf der Reise immer bei mir haben könnte. Künftig, meine Beste, wollen wir noch manchen Weg zusammen machen. Meine Mutter hat Dich recht lieb und lobt Dich und erfreut sich des Kleinen.

Von Hamburg wird ein kleines Fässchen an mich kommen, worin Seeschnecken sich in Brandwein befinden werden. Denke nicht etwa, dass es eine Essware ist, sondern tu die Geschöpfe in ein Zuckerglas und halte sie mit Brandwein bedeckt, bis ich wiederkomme.

CHRISTIANE:
Ich und das Kind haben beide sehr geweint. Es soll nach der Schweiz wegen des Kriegs übel aussehen. Und ich bitte Dich um alles in der Welt, gehe itzo nicht nach Italien! Was mich die Menschen hier ängstigen, dass Du nach Italien gingest, das glaubst Du gar nicht; dem einen hat es der Herzog selbst gesagt, der andere weiß es von Dir gewiss, ich will gar keinen Menschen mehr sehen und hören.

Lieber, Bester, nimm es mir nicht übel, dass ich so gramsele, aber es wird diesmal schwerer als jemals, Dich so lange zu entbehren; wir waren so aneinander gewöhnt. Alles im ganzen Hause kommt mir groß und leer vor. Bleibe ja nicht so lange aus, ich bitte Dich sehr. Ich tröste mich immer damit, dass Dir das Reisen zu Deiner Gesundheit dienlich, weil Dir das zu Hause Sitzen doch nicht gut ist, aber gehe nur nicht weiter als in die Schweiz. Du glaubst gar nicht, wie lieb ich Dich habe, ich träume alle Nacht von Dir.

Nun bin ich ganz allein. Vergiß nicht, an Zapf zu schreiben, denn itzo sehe ich erst, wie nothwendig der Wein ist, weil ich keinen habe. Mein Mägelchen thut mir gewaltig wehe, wenn ich keinen trinke; Leb wohl und grüße Meyer und sage ihm: wenn er bald käme, so sollte er die besten Suppen haben.

WOLFGANG:
Tübingen, 11. September
Vor allen Dingen muss ich Dich bitten, mein liebes Kind, dass Du Dich über meine weitere Reise nicht ängstigst und Dir nicht die guten Tage verdirbst, die Du haben kannst. Du weißt überhaupt und hast auch auf der letzten Reise gesehen, dass ich mich nicht von heiler Haut in Gefahr begeben werde, und ich kann Dir wohl gewiss versichern, dass ich diessmal nicht nach Italien gehe. Behalte es für Dich und lass die Menschen reden, was sie wollen; Du weißt ja die Art des ganzen Geschlechts, dass es lieber beunruhigt und hetzt als tröstet und aufrichtet.

Vor der Abreise hatte Goethe seine Lebensgefährtin, auch angesichts der ständigen Kriegsgefahr, abgesichert und seinen Freund, den Großherzog von Weimar, um die juristische Regelung seiner Hinterlassenschaft gebeten. Am 24. Juli 1797 hatte er eigenhändig ein Testament geschrieben, in dem es heißt:

> »Ich setze den mit meiner Freundin und vieljährigen Hausgenossin, Christiane Vulpius, erzeugten Sohn August zu meinem Universalerben ... ein; seiner Mutter hingegen vermache ich den Nießbrauch alles dessen, was ich in hiesigen Landen zur Zeit meines Todes besitze ...«

Auch Christiane war dieses Mal besorgter als je zuvor.

CHRISTIANE:
Lieber, des Abends ist mein letzter Gedanke an Dich und des Morgens ist es wieder der erste. Es ist mir heute so zu Muthe, als könnte ich es nicht länger ohne Dich aushalten. Es hat auch heute alles im Hause schon über meinen üblen Humor geklagt.

Ohne Dich ist mir alle Freude nichts; ich habe, seit ich von Frankfurt weg bin, keine recht vergnügte Stunde gehabt. Selbst das Schauspiel will nicht recht schmecken. Sei ja nicht böse auf mich, dass ich Dir einen so gramseligen Brief schreibe, er ist ganz aus dem Herzen raus.

Angekommen an Dich ist gar nichts, kein Globus, kein Aal, keine Seeschnecken, gar nichts; an mich keine »Horen«, kein »Hermann und Dorothea«. Dieses nur zu Deiner Nachricht. Kurz, wenn Du nicht da bist, ist es alles nichts. Und wenn Du nach Italien oder sonst eine lange Reise machst und willst mich nicht mitnehmen, so setze ich mich mit dem Gustel hinten darauf; denn ich will lieber Wind und Wetter und alles Unangenehme auf der Reise ausstehen, als wieder so lange ohne Dich sein. Im Hause ist alles in Ordnung, Du magst kommen des Tages oder die Nacht.

WOLFGANG:
Zürich, den 25. Oktober
Endlich habe ich, mein liebes Herz, Deine letzten Briefe erhalten. Habe jetzt nur noch ein wenig Geduld, denn ich komme bald wieder; auch mir ist es in der Entfernung von Dir nie recht wohl geworden. Der Gefahr wegen hätte ich wohl nach Italien gehen können, denn mit einiger Unbequemlichkeit kommt man überall durch, aber ich konnte mich nicht so weit von euch entfernen.

Wenn es nicht möglich wird, euch mitzunehmen, so werd ich es wohl nicht wiedersehen. Ich habe mir auch kleine Tücher um den Hals gekauft, fürchte aber, Du wirst sie mir wegkrapseln, denn sie werden auch um den Kopf artig stehen. Alles zusammen ist nach der neuesten Mode, besonders ist Dein Kleid sehr schön, es war aber auch nicht wohlfeil. Ich habe es nach dem Muster aus der ersten Hand gekauft und erwarte es von Sanct-Gallen, wo die Fabrik ist. Bei den Mustern that die Wahl weh, aber Meyer und ich waren doch zuletzt einig.

Nach einer Abwesenheit von nahezu vier Monaten kehrt Goethe nach Weimar zurück. Biografen vermuten, dass es in diesem Jahr zu einer ernsten Krise in der Beziehung gekommen sein könnte, klagend-angstvolle Briefe von ihr, beschwichtigende von ihm scheinen zu bestätigen, dass Christiane meinte, ernsthaft um ihr Glück kämpfen zu müssen. Diese Trennung war für sie »schwerer als jemals«. In der Weimarer Gerüchteküche jedenfalls brodelt es mal wieder. Es heißt, gegen Christiane gistichelt, der Dichter empfinde die »missliche Verbindung« als Last und bereite erneut eine Flucht vor. Goethe tritt den Falschmeldungen zwar entgegen, tröstet, doch seine Lust, die Reise südwärts noch ein wenig zu verlängern, ist nicht von der Hand zu weisen.

Wie dem auch sei. Goethe fährt nicht nach Italien.

Er verlässt die Geliebte nicht. Nur um ihret- und des Kleinen willen, schreibt er, breche er die Reise ab und gehe zurück.

WOLFGANG:
»Ihr allein bedürft meiner, die übrige Welt kann mich entbehren. Lebe recht wohl und habe mich so lieb wie ich Dich. Ich freue mich unaussprechlich, Dich wiederzusehen.«

Trotz seiner zahlreichen literarischen Geschäftsreisen, Arbeitsklausuren in Jena, Kuraufenthalte und gemeinsamer Projekte mit Schiller sehnt er sich auch in späteren Jahren stets an den heimischen Herd und zu Christiane zurück:

WOLFGANG:

       Von Osten nach Westen
       zu Hause am besten.

Liebe mich, wie ich am Ende aller Dinge nichts Besseres sehe, als Dich zu sehen und mit Dir zu leben.

ICH FREUE MICH DEINER FREUDE

Christiane in Bad Lauchstädt

Goethe. Kreidezeichnung von Friedrich Bury (1800)

Christiane. Kreidezeichnung von Friedrich Bury (1800)

Mit Goethes Rückkehr aus der Schweiz hat sich Christianes Stellung endgültig gefestigt. Sie ist unentbehrlich geworden.

Lästerzungen und Neider müssen sich allmählich damit abfinden, dass »die Vulpia« die Herrin und Managerin des großen Hauses ist und dass sie das Wohl und Wehe der »Goethe-Werke« auch in Zukunft leiten wird. Kutscher, Gärtner, Diener, Laufbursche, Köchinnen, Garderobenmädchen, Gesellschafterin, Sekretär u.a. stehen unter ihrem Kommando. Christiane verwaltet die Finanzen, die Häuser, die Gärten, den Viehbestand, Küche und Keller, versorgt die ständigen Mitbewohner und Hausgäste. Sie hält dem Chef den Rücken frei für Schriftstellerei und Amtsgeschäfte.

Gehässige Unterstellungen, die ihr Verschwendungssucht und Misswirtschaft anlasten wollen, berühren sie kaum. Der Ex-Finanzminister und Gatte steht schließlich hinter ihr. Mit den dünkelhaften Sticheleien der Rivalinnen weiß sie umzugehen.

Das kleine Naturwesen, die »ihn ewig liebende Christel«, ist für den Geheimen Rat schon längst, den lästernden Hofdamen und Kleinstädtern zum Trotz, zur Gattin und Ehefrau, zur »Madame Goethe« geworden. Sie wird nicht mehr versteckt. Auf Kutsch- und Schlittenfahrten durch Weimar und Jena sitzt sie neben ihm. Goethe nimmt im neuen Jahrhundert keine Rücksicht mehr auf moralisierende Philister und kleinstädtische Konventionen. Christiane begleitet ihn ins Theater, auf Empfänge, und ist auch auf Reisen dabei, zum Beispiel zur Leipziger Messe (1800). Und zunehmend übernimmt sie auch repräsentative Aufgaben. In seiner Abwesenheit gibt sie Einladungen und Empfänge, führt durchreisende Geistesgrößen oder hochrangige Goethe-Touristen (»Prinzen und Prinzessinnen«) durch die museal ausgestattete Dichterresidenz. Und der Gatte macht keinen Hehl mehr daraus:

»Ich bin verheiratet, nur nicht mit Zeremonie.«

»Und fehlt auch der Pfaffensegen dabei, die Ehe ist gültig nicht minder!«, hätte Heinrich Heine dazu gesagt.

Die Tatsache, dass Christiane fast drei Jahrzehnte lang, länger als jede andere Frau, die Hauptrolle in seinem Leben spielen konnte, lag sicher auch darin begründet, dass sie »nicht alles allzu genau« nahm und dem Lebenskünstler und Frauenfreund Freiheit und Spielraum ließ. So wie auch er ihr manchen »Spaß an der Freud« nicht nur gestattete, sondern aus vollem Herzen gönnte. »Genieße ungetrübt des Guten!«, empfiehlt er seiner heiteren Lebensgefährtin und hat Freude an ihren Vergnügungen und Eigenheiten.

»Sie waren ihrer Liebe gegenseitig sicher«, schreibt Hans Gerhard Gräf, der Herausgeber des Ehe-Briefwechsels, »deshalb konnten sie einander kleine, gelegentliche Liebschaften, ÄUGELCHEN, wie es in der Ehesprache heißt, leicht und froh nachsehen.«

WOLFGANG:

Da ich mich diesmal so wohl in Karlsbad befinde, so freut es mich außerordentlich, dass Du auch etwas Ähnliches an Lauchstädt hast. Genieße nur des Guten ungetrübt, indem Du Deiner Lebensweise treu bleibst und, wie es die Gelegenheit gibt, immer ein wenig vorwärts rückst, so wirst Du Dich trefflich befinden. Schreibe mir nur bald von Lauchstädt und richte es ein, dass ich wenigstens alle vierzehn Tage Brief und Nachricht erhalte.

Dass ich hier in Gesellschaft der alten Äugelchen ein stilles Leben führe, dagegen hast Du wohl nichts einzuwenden; auf alle Fälle wirst Du Dich zu entschädigen wissen, wovon ich mir getreue Nachricht ausbitte.

In Bad Lauchstädt vertritt Christiane den Theaterintendanten Goethe, der in Karlsbad zur Kur ist. Sie begutachtet die sommerlichen Gastspiele des Weimarer Ensembles, erstattet ihrem »süßen Schatz« regelmäßig Bericht über Aufführungen und Einnahmen. Und spart auch nicht mit Kritik.

CHRISTIANE:
Donnerstag

Die neue Schauspielerin will mir nicht gefallen, sie ist noch beinahe einen Kopf kleiner als ich und dazu noch stärker.

Sobald ich nur Gelegenheit habe, so schreibe ich Dir. Wenn Du hier wärst, so dürfte sie in der Rolle gewiss nicht auftreten, denn dadurch muss sich ein so kleiner Zwerg zugrunde richten.

Freitag
Ich muss Dir nur schreiben, dass die neue Schauspielerin eine recht gute Aussprache hat und mir viel angenehmer in ihrem Organ vorgekommen ist als die Caspers.

Und ich sehe, die kleinen Leute sehen doch auch nicht übel aus, und es kann sich auch einmal ein Zar in einen kleinen Schatz verlieben.

Christiane, selbst ein wenig kompakt und nicht allzu groß, hat ihr Vor-Urteil schnell zurückgenommen. Vielleicht auch, weil das Bühnengeschehen ihr nicht allzu fremd ist: »Es kann sich auch einmal ein Zar in einen kleinen Schatz verlieben«.

Nicht nur im Sommertheater von Bad Lauchstädt trifft sie im Umgang mit den Schauspielern dank ihrer »natürlichen, praktischen Art« leichter als andere den richtigen Ton. Goethe selbst erklärt mehr als einmal, dass er ohne Christiane das Theaterwesen nicht mehr zusammenhalten könne. Im Theater ist sie gewissermaßen Betriebsrat und Personalchef in einer Person.

Dass, nebenbei in der Sommerfrische auch die privaten Vergnügungen nicht zu kurz kommen, versteht sich von selbst. Jetzt ist sie mittendrin, genießt das gesellige Badeleben und holt nach, was sie lange entbehren musste. Vor allem »huppt« sie gern, während Goethe, der nie ein guter Tänzer war, an der Schilderung ihrer Tanz- und Sommerfreuden das größte Vergnügen zu haben scheint ...

CHRISTIANE:
Lauchstädt, 13. Juni 1803
Um vier Uhr waren wir in Lauchstädt. Ich packte aus, zog mein Reitkleidchen an und als ich angezogen war, so erschienen die jungen Herrn vom Theater und bewillkommten mich. Als wir am Tische saßen und speisten, so ließen mir die Herrn ein Ständchen bringen.

Um 10 Uhr legten wir uns zu Bette und um elf Uhr bekamen wir wieder ein Ständchen, das gar nicht enden wollte; es wurden neun Tänze gespielt, die ganz neu waren. Und so müde, als man war, musste man doch aufstehen und ein bisschen huppen.

Viel Badegäste sind noch gar nicht hier, aber es ist fast kein Quartier mehr zu haben. Alles aber erwartet Sie und Schiller. Ich habe auch gesagt, dass Sie beide so bald, als es Ihre Geschäfte zuließen, kommen würden. Ich bin sehr heiter und vergnügt, es ist mir, als hätte ich wieder ganz neues Leben bekommen.

20. Juni

Alleweile komme ich aus »Marie Stuart«, welches ganz vortrefflich vorgestellt wurde. Die Jagemann hat so noch nicht gespielt, auch Cordemann und alle. Die Herrn Offiziere haben fast alle geweint. Die Einnahme war 192 Thaler.

Wenn nur mehr Bade-Gäste hier wären, dass es auch mehr zu tanzen gäbe. Heute sind wieder vier Wagen voll gekommen, aber Alte.

Den Mittwoch, wie ich frühe aufwachte, war ich sehr krank und wusste nicht, wovon. Ich hielt mich im Bette und curirte mich mit Portwein. Und heute, den 23., frühe habe ich mir von dem Italiener einen Sardellensalat holen lassen und bin wieder ganz wohl.

Freitag, den 24.

Heute frühe fuhren wir spazieren; da freuen mich immer nur die Pferdchen und allemal danke ich in Gedanken Dir, dass Du sie mir hier gelassen hast.

Heute war es in der Allee sehr zahlreich.

Sehr viel Offiziere sind da. Heute haben sie uns wieder einen von Berlin vorgestellt, von den Gensd'armes. Ein Herr von Nostitz, so was Großes habe ich noch nicht gesehen.

Und da er sah, dass er bewundert wurde, brachte ihn seine Eitelkeit dahin, dass er Schärpe, Kartusche und alles umhing, um sich zu zeigen. Abends war eine große Gesellschaft in der Eisbude.

Sonnabend

Nach der Komödie gingen wir in Salon und speisten da.

Weil man schon allenfalls weiß, mit wem man in Gesellschaft kommt, so geht es mir itzo recht gut vom Munde. Besonders die Herren Offiziere machen uns viel zu schaffen; sie sind aber sehr artig und wir haben manchen Spaß.

Wenn nur nicht alles so theuer wäre! Morgen früh gebe ich meinen guten Freundinnen eine Chocolade in der Allee. Da werden freilich einige Äugelchen sich mit einschleichen. Es ist ein prächtiges Leben; wenn Du nur auch hier wärst und Dich mitfreuen könntest! Ich bin sehr glücklich und so glücklich machst Du, Lieber, mich! Lustig bin [Ich], wie Du nicht glauben kannst, und solche Einfälle, als ich hier habe, kommt mir kein einziger in Weimar in die Gedanken.

WOLFGANG:
Du bist recht lieb und gut, dass Du mir so viel schreibst, denn es macht mir viel Vergnügen, auch im Einzelnen zu wissen, wie Dirs geht. Bleibe nur in Lauchstädt, solange Du Lust hast; auf alle Fälle sehe ich gern, wenn Du Dich den ganzen Monat Juli dort aufhältst, denn ich habe eine wichtige Arbeit vorgenommen, wobei mir die Einsamkeit wohlthut, ob ich mich gleich oft genug nach Dir sehne. Bin ich damit zu Stande, so komme ich, Dich abzuholen.

Im Hause lasst sichs auch besser an und da der Herzog wieder hier ist, werde ich öfter nach Hofe geladen; manchmal bin ich in Tiefurt, und da ich öfters reite, so vermisse ich die Pferde auch nicht. Sei also nur froh und außer Sorgen.

August hält sich sehr brav und bleibt gern bei mir, auch gehen wir oft zusammen spazieren.

CHRISTIANE:
Lauchstädt, Montag den 27. Juni
Es wurde die »Turandot« gegeben. Die Einnahme war 62 Thaler. Nach der Komödie gingen wir nach Hause und alsdann noch in die Allee. Wir müssen auf unsrer Hut sein, man will uns unsre Äugelchen und Curmacher wegkapern, den Oertzen und Stüscken; wir wollen nur erst sehen, dass wir etwas Anders kriegen und etwas Besseres, alsdann kann sie die Jagemann bekommen. Es ist recht lustig, wie man da keine Barmherzigkeit miteinander hat; und ich habe Dir allerhand lustige Streiche zu erzählen.

Dienstag, den 28. Juni
gingen wir in das große Haus vom Kirchhof gegenüber, wo eine neue Wirthschaft angelegt ist und wo man sehr gut essen soll. Das wär so was für Dich und Schiller.

Nach Tische fuhren wir nach Delitz, um den König von Preußen und die Königin zu sehen ... Der König grüßte mich und die Silie sehr freundlich. Die Jagemann ging zur Königin an den Wagen, aber die Königin war nicht sehr gnädig. Graf Oertzen reicht' ihr Erfrischungen; der Herr von Nostitz und die andere Offiziere traten an den Wagen und da wurde sie etwas freundlicher.

Itzo sind wir zurückgekommen. Und in dem neuen Hotel sind recht schöne Logis, wo die Zimmer in den Garten gehen. Es ist aber nichts schöner, als Abends unter dem Zelte, etwa eine Gesellschaft von 16 Personen ...

Sonnabend, den 2. Juli
schliefen wir bis ein Uhr mittags! Ist das erlaubt? wirst Du sagen. Aber wir haben auch zwei Nächte nicht geschlafen!

Heute ging ich allein [in] die Komödie; es wurde »Wallensteins Lager« gegeben, die Einnahme war 148 Thaler. In die Loge zu mir kam Herr von Nostiz, der große Offizier, und ladete mich zu dem Ball ein. Ich tanz(t)e die erste Ecossaise mit ihm vor. Aber, mein Gott, wie schön tanzte der! Ich habe selbst noch nicht so schön getanzet. Alles sahe uns zu.

Dieses schreibe ich noch, als ich um ein Uhr vom Balle komme. Das war ein Tänzer! So habe ich noch mit keinem getanzt.

Ich habe aber auch sechs Tänze mit ihm getanzt.

Vor der Komödie kam Schiller und der Professor Gentz. Ich habe von beiden den Wein erhalten und danke Dir herzlich dafür. Das ist wieder ein Beweis Deiner großen Liebe. Wenn ich Dir nur auch so viel Gutes erweisen könnte! Aber lieben thue ich Dich immer mehr und unaussprechlich.

Dass Schiller hier ist, gibet gleich ein anderes Leben. Nur wünschet man auch Dich; wenn Dir es möglich ist, komm ja.

Sehr schön ist es hier; es sind noch mehr Bade-Gäste hier und man ist noch artiger als voriges Jahr gegen mich. Das macht aber auch der Bediente, Kutscher und die schönen Pferde.

Sonntag, den 3. Juli
habe ich in der Allee ein Dejeuner gegeben ... Es waren 18 Personen. Der Karl und der Kutscher mussten aufwarten ... Auch habe ich mit Schiller gesprochen. Ich sollte mit im Salon speisen, aber es war zu brillant, ich war nicht darauf eingerichtet. Die Jagemann kam aber in ihrem ganzen Schmuck; so geputzt habe ich sie in Weimar nicht gesehen. Ich zog mich ganz simpel an, aber schön, that nichts von Ketten und garnichts um, ging die Allee und wurde gleich auf den Abend zu dem Ball eingeladen und auf 10 Tänze engagiert.

»Die Braut von Messina« war, und die Einnahme war 248 Thaler. Es war aber nicht im Theater auszuhalten vor Gluth; ich ging hinaus und kam kaum bis zum Salon, als ein großes Gewitter kam. Ich habe mit Schiller an einem Tische gesessen und wir waren sehr vergnügt.

Nach Tische wurde getanzt ... und es hat mich etwas von dem Herrn von Nostitz sehr gefreut, das ich Dir mündlich erzähle. Gestern habe ich nur einmal mit ihm getanzet, aber alles sah es. Ich habe mehr Bekanntschaft als voriges Jahr.

Kurz, es gefällt mir höllisch, und Du hast mich sehr glücklich gemacht.

Schiller logiert auf dem Kohl-Hofe. Nach dem Balle brachten sie ihm ein Vivat mit Trompeten und Pauken! Deine Gesundheit wird oft im Salon getrunken. Morgen will ich nach Giebichenstein fahren und übermorgen baden. Adieu, mein Liebstes.

WOLFGANG:
Gestern habe ich Deinen Brief erhalten, der mir viel Vergnügen machte. Fahre ja fort, mir täglich zu schreiben, was Dir begegnet, wir lesen alsdann zusammen das Tagebuch, und manches fällt Dir dabei wieder ein.

Mit den Äugelchen geht es, merke ich, ein wenig stark, nimm Dich nur in acht, dass keine Augen daraus werden. Nach Deiner Beschreibung muss es jetzt sehr artig in Lauchstädt sein.

Genieße das alles mit frohem Herzen.

Wie sehr von Herzen ich Dich liebe, fühle ich erst recht, da ich mich an Deiner Freude und Zufriedenheit erfreuen kann.

Grüße Herrn Hofrath Schiller! Ich wünsche, dass er sich wie Du in Lauchstädt gefalle und lange dort bleibe.

Lebe wohl und liebe mich und gedenke mein, wie ich mit Sehnsucht an Dich denke. August ist mit hier und beträgt sich sehr artig.

CHRISTIANE:
Montag, 4. Juli abends
»Die natürliche Tochter« hat sehr gefallen und allgemein, aber man wünschte, sie nur noch einmal zu sehen. Sie haben auch alle recht gut gespielt, besonders Graff und die Miller haben besser als in Weimar gespielt. Niemeyers waren von dem Prinz Eugen von Württemberg geladen in Salon und die Jagemann und Schiller und mehre.

Die große Gesellschaft wurde sehr lustig, es wurde das Reiterlied und »Ein freies Leben« gesungen und dabei sehr viel Champagner getrunken. Ich sprach lange mit dem Hofrath Schiller; und als die Herren Offiziere zu lustig wurden, so gingen wir mit unserer Gesellschaft weg und fuhren noch bei Mondenschein auf dem Kahn. Das hat mir sehr gefallen. Sehr oft dachte ich aber: Wenn nur der gute Schatz auch dabei wär!

Die Einnahme in der »Natürlichen Tochter« war 209 Thaler.
Dienstag, 5. Juli abends
speisten wir bei Demski unter dem Zelte, wo es recht angenehm und unterhaltend war. Der Herr von Nostitz hat uns sehr gut unterhalten, denn der gehört nicht zu den lärmenden und platten Offizieren.

Leb wohl und behalte mich lieb. Denn hier unter allen denen ist kein Mann wie Du; wenn man sie näher kennt, kann man sie alle nicht achten. Lustig aber bin ich sehr und habe Dir sehr viel zu erzählen.

Mittwoch, den 6. Juli
Nach Tische gingen wir in die Allee und wurden vom Graf Oertzen und von Herrn von Nostitz auf morgen frühe zu einem Frühstück und zu einem kleinen Manöver, das sie machen wollen, eingeladen. Es soll bei Bündorf sein; da wollen wir hinfahren. Ich freu mich, es zu sehn. Wer 3 Hiebe bekömmt, ist gefangen und muss bei der Zurückkunft 3 Bouteillen Champagner geben. Und wer in das Kornfeld reitet, der ist ersoffen. Also wollen wir sehen, wie es abläuft. Heute wollte man vor gewiss sagen, Du kämest nicht; das hat mich den ganzen Tag verstimmt. Schiller scheint sich aber hier gut zu amüsieren.

Trotz den vielen Vergnügen aber fällt mir sehr oft ein, dass ich nun schon lange hier bin, und dass es Dir doch auch viel kostet.

Denn mit dem Kutscher und allem ist es doch ein bisschen zu stark, dass ich die Ausgabe allein mache. Ich weiß wohl, dass Du sehr gut bist und mir alles gerne gönnest; aber mir ist es selbst nicht recht ... Sei also so gut und schreibe mir darüber Deine Meinung.

Donnerstag, den 7. Juli
Alleweile kommen wir von dem Feldzuge, und ich habe mich sehr amüsiert, es war prächtig, es hat mir außerordentlich gefallen; so etwas habe ich noch nicht gesehen. Eine Partie hatte grüne Büsche und eine weiße Binde, das waren die Schweden; eine Partie Wagen und Reiter waren auf der, die andern auf der andern Seite. Ich war bei den grünen Büschen, Schiller war neutral. Gefangen ist keiner worden, und unsere Partie ist verrathen worden, und es hat keiner gesiegt. Mir war nur bange vor unsere Pferden wegen des Schießen, denn es wurde höllisch geschossen, um und neben uns; erst machten die Pferde ein bisschen Spectakel, aber sie gaben sich bald nachher.

Die Herrn hier sind gegen mich außerordentlich höflich und artig. Man muss sich aber nur von Anfang in eine Art von Respect setzen und das haben wir gethan.

In der »Jungfrau« war es sehr voll. Die Einnahme war 358 Thaler. Die Miller wurde rausgerufen und alles war zufrieden. Auch hat die Miller eine sehr schöne, goldene Kette auf das Theater geschickt gekriegt.

Sonntag, den 10. Juli
Heute wollen wir den Herrn Hofrath Schiller besuchen, um zu hören, ob es wahr ist, dass er fort will. Ich kann mir gar nicht vorstellen, wie es hier jemand nicht gefallen kann. Wenn ich reich wär, so ging' ich alle Jahre hierher; mir ist es, als finge ich erst an zu leben. Und im Stillen danke ich Dir, Lieber, immer dafür und bitte Gott, dass er Dir für diese Güte wieder allerlei Gutes erzeigen möchte, denn ich weiß sehr gut, dass es kein anderer Mann thät. Du sollst mich aber auch noch in der Ewigkeit dankbar finden.

Mittag waren wir sehr lustig. Wir speisten im Salon und mit dem Herrn Hofrath Schiller an einem kleinen runden Tische, wo es mir sehr gefallen hat. Aber Herr Hofrath will fort, weil er hört, dass Du nicht kommst. Deinen Brief habe ich unter der Komödie erhalten.

Sonntag um 7 Uhr
Dieser Brief hat mich sehr glücklich gemacht! Wie Du gibt es keinen Mann in der ganzen Welt. Und wegen der Augen kannst Du ganz außer Sorge sein; aber Äugelchen gibt es, dass man sich nicht zu retten weiß. Heute abend ist Ball und ich bin schon 10 Tänze engagirt.

Leb wohl, ich muss schließen.
Behalte mich nur so lieb wie ich,
Dein Dich ewig liebender Schatz.

Dienstag, den 12. Juli, frühe um 1/2 3 Uhr
Ich habe wieder sehr viel getanzet; besonders mit 2 schönen Husarenoffizieren, die mich in Weimar gesehen haben wollen. Aber es gefällt mir alles nicht mehr, ich möchte gern bei Dir sein, ich kann es fast vor Sehnsucht nicht aushalten.

Heute frühe musste ich mir Schuhe kaufen, weil sie alle durchgetanzt sind.

Nach Tische gingen wir in die Allee, wo uns Herr von Nostitz und mehrere erwarteten und uns zum Thee dansant führten, wo es sehr schön war, und wo ich alles getanzet habe, was getanzt worden war; und wo ich auf der Stelle die neuen Schuhe durchgetanzt habe. Itzo habe ich 3 Tage hintereinander getanzet und nun bin ich erst recht dabei. Gestern, habe ich nachher erfahren, hatte sich ein Graf vorgenommen, mich mit einer Quadrille recht müde zu machen, denn es wurde sehr rasch getanzet.

Aber ich ward nicht einmal müde; und man spricht hier sehr viel von mir wegen des Tanzens, und ich glaube, die Comtessen haben mitunter doch eine kleine Bosheit auf mich, lassen sich aber nichts merken.

Nach dem Ball musste ich mich aber ganz umziehn, denn ich war wie aus dem Bade gezogen ...

Der Herr Hofrath Schiller hatte auch kommen wollen, war aber auf dem Sopha eingeschlafen und kam nicht.

Mittwoch, den 13. Juli

Heute frühe muss ich alles wieder, was zu schlecht am Zeug war, in Ordnung bringen, denn ein Staat ist hier, und da muss man doch sehen, dass man ein bisschen reinlich aussieht. Es ist gut, dass Du nicht hier bist, denn es sind 3 Putzhändlerinnen hier; und wenn Du hier wärst, so würde gewiss allerlei gekauft. Ach Gott, es sind gar zu schöne Sachen, ich sehe gar nicht hin. Doch trotz alle dem Putz tanze ich mehr als die überputzten Damen und bin sehr lustig.

Heute Morgen bin ich ausgefahren. Das vergess ich Dir immer zu schreiben; aber Du glaubst gar nicht, was so eine Equipage und Bedienter vor einen Respect verschafft. Es macht mir mannchmal rechten Spaß.

Wenn ich aber zu Hause komm, wirst Du mich sehr schmal finden, denn alles ist mir zu weit; es ist von dem vielen Tanzen und Baden. Ich befinde mich aber außerordentlich wohl dabei.

Diesen Brief muss ich nun schließen, weil morgen der Herr Hofrath Schiller ihn mitnehmen will.

Mit diesem Wagen könnte, wenn jemand dabei wäre, August mitkommen, aber allein ja nicht, denn da könnte er ein Unglück nehmen. Denn ich möchte doch jemand wiedersehen. Wenn Du es aber wärst, so wäre ich ganz glücklich. Leb wohl und behalt mich nur lieb.

WOLFGANG:
Donnerstag, spät
Herr Hofrath ist angekommen und hat mir Deinen Brief gebracht. Ich freue mich Deiner Freude und schicke Dir Gegenwärtiges durch einen lieben Boten.

(August) wird, hoffe ich, glücklich bei Dir eintreffen und Dir sagen, wie viel wir an Dich gedacht haben. Dem Kutscher habe ich einen Kronenthaler mitgegeben, dass er für August unterwegs bezahlen soll; höre, was übrig geblieben ist, und gib dem Menschen ein gutes Trinkgeld.

Dass Dir alles glücklich vonstatten geht, freut mich sehr, Du verdienst es aber auch, da Du Dich so klug und zierlich zu betragen weißt. Mache Dir wegen der Ausgaben kein Gewissen, ich gebe alles gern und Du wirst zeitig genug in die Sorglichkeiten der Haushaltung zurückkehren.

Schicke mir mit nächster Gelegenheit Deine letzten, neuen, durchgetanzten Schuhe, dass ich nur wieder etwas von Dir habe und an mein Herz drücken kann.

Ich erwarte Dich mit herzlicher Sehnsucht.

LEB WOHL DU SÜSSER

Hochzeit und Ende

Haus am Frauenplan, Gartenseite

Goethe, das ist vielfach belegt, ist kein Erzieher, kein Pygmalion, kein Professor Higgins, will andere nicht nach seinem Bild umgestalten. Als Naturfreund genießt er das Wachsen, die Entfaltung von Christianes Persönlichkeit, liebt ihre Unbefangenheit, schätzt ihre Vorzüge und zeigt nicht die mindeste Absicht, sein „kleines Naturwesen" einzuengen. Sie hat ihm ja auch manches voraus an Lebensklugheit, praktischer Intelligenz, Mut und heiterem Wesen. Und sie ist seiner Mutter, der »Frohnatur«, ähnlich. Beide ergänzen sich. Um die Eigenart seiner Geliebten in Gedichten zu preisen, bemüht der Naturforscher und Gartenfreund gern Vergleiche aus dem Pflanzenreich:

**Doch was im Garten
Am reichsten blüht,
Das ist des Liebchens
Lieblich Gemüt.**

**Da glühen Blicke
Mir immerfort,
Erregend Liedchen,
Erheiternd Wort;**

**Ein immer offen,
Ein Blütenherz,
Im Ernste freundlich
Und rein im Scherz.**

**Wenn Ros' und Lilie
Der Sommer bringt,
Er doch vergebens
Mit Liebchen ringt.**

Das Gedicht entstand kurz vor Christianes Tod. Bisweilen hat sich Goethe selbst über die Dauerhaftigkeit ihres gemeinsamen Glücks gewundert ...

> »Sollte man wohl glauben, dass diese Person schon zwanzig Jahre mit mir gelebt hat? Aber das gefällt mir eben an ihr, dass sie nichts von ihrem Wesen aufgibt und bleibt, wie sie war.«

1806, als nach der Kanonade bei Jena plündernde Franzosen in das Haus am Frauenplan eindringen, stellt sich Christiane entschlossen vor ihren geliebten Geheimrat, wehrt die Attacken der Soldateska resolut und energisch ab. Goethe sieht sie als Lebensretterin und schreibt an den Hofprediger Günther:

> »Dieser Tage und Nächte ist ein alter Vorsatz bei mir zur Reife gekommen: Ich will meine kleine Freundin, die so viel an mir getan und auch diese Stunde der Prüfung mit mir durchlebte, völlig und bürgerlich anerkennen als die Meine.«

Am 19. Oktober findet in der Weimarer Stadtkirche die Trauung statt. Trauzeuge ist ihr 16-jähriger Sohn.

Und in Frankfurt jubelt die nunmehr ebenfalls als Schwiegermutter legalisierte Frau Aja: »Dir allen Segen, alles Heil, alles Wohlergehen, da hast Du nach meines Hertzens Wunsch gehandelt. Gott erhalte Euch! Grüße meine liebe Tochter hertzlich, sage ihr, daß ich sie liebe, schätze, verehre.«

Die Eheschließung kostete Goethe, der kirchliche Zeremonien grundsätzlich ablehnte, etliche Überwindung. Er tat es vor allem Christiane zuliebe, um seiner kleinen »unheiligen Familie« gesellschaftliche Anerkennung zu verschaffen.

Als »Frau Geheime Räthin von Goethe« erlangt Christiane nun endlich auch offiziell die Reputation, die sie so lange entbehren musste.

Johanna Schopenhauer kapituliert als erste und schreibt über Christianes Antrittsbesuch:

»Ich empfing sie, als ob ich nicht wüsste, wer sie vorher gewesen wäre: Ich denke, wenn Goethe ihr seinen Namen gibt, können wir ihr wohl eine Tasse Tee reichen.«

Soweit die »bessere« Gesellschaft ...

Christiane hat es geschafft.

An ihren Sohn August schreibt sie 1808 nicht ohne Stolz:
»Denke Dir nur, wer alles bei uns ist: Ein Herr von Kügelgen, der Deinen Vater malt, der Doktor Meyer, Herr von Humboldt, Werner, Arnim und noch mehrere Fremde. Dazu habe ich müssen achtzehn vornehmen Damen Visiten machen. Wir hatten einen Tee von dreißig Personen: Frau von Wolzogen, Stein, Schiller und mehrere ... Und ich sitze nicht mehr auf meiner alten Bank (im Theater) ... ich sitze in der Loge neben der Schopenhauer. Du kannst also ersehen, dass meine jetzige Existenz ganz anders als sonst ist.«

Dass Christiane ihren Triumph nach jahrelanger Schmähung, Verleumdung und Hintanstellung auch ein wenig auskostet, wer wollte es ihr verdenken? Sie hat wie ihr Mann eine gewaltige Lebensleistung vollbracht, Literatur und literarisches Leben ermöglicht, ein repräsentatives Haus aufgebaut und geleitet, und mit Liebe und Leidenschaft dafür gesorgt, dass sich »Weimarer Klassik« entfalten konnte.

Christiane von Goethe, Büste von K.G. Weiser (1811)

Acht Jahre später, nach 28 gemeinsamen Jahren, stirbt Goethes »heitere Lebensgefährtin« an Urämie.
In seinem Tagebuch notiert der 66-jährige Witwer.

Leere und Totenstille in und außer mir.

In Goethes Aufzeichnungen und Briefen finden sich nur wenige Äußerungen zu der schweren Krankheit und dem qualvollen Tod seiner Frau. Goethe, selbst mit schwerem Fieber bettlägerig, scheint die letzten Kämpfe seiner Frau nicht als endgültige wahrgenommen zu haben. Auch darüber wurde von manchen Biografen spekuliert, Gleichgültigkeit und Kaltherzigkeit unterstellt.

Die wenigen Dokumente, das Hörensagen und der Klatsch der Kleinstädter und Hofleute erlauben jedoch keinen Einblick in die Intimität der letzten Stunden in Christianes Zimmer. Und ein Urteil schon gar nicht.

Riemer, der Vertraute des Hauses, berichtet von »zärtlichster, ja ängstlichster Teilnahme«:

> *»Der Schmerz, den er um ihren Verlust empfand, war ein viel zu gründlicher, in seine Existenz wesentlich eingreifender und bis an sein Ende dauernder, als dass er ihn mit Worten aussprechen mochte. Er sprach nicht davon, aus Scheu, den Schmerz mit Worten zu berühren.«*

Nur vier karge Zeilen, die Goethe an Christianes Todestag schrieb, sprechen von seiner Trauer:

6. Juni 1816

**Du versuchst, o Sonne, vergebens
durch die düsteren Wolken zu scheinen!
Der ganze Gewinn meines Lebens
Ist, Ihren Verlust zu beweinen!**

Drei Jahre zuvor hatte Goethe zum 25. Jahrestag ihrer Verbindung seiner Frau eines seiner bekanntesten Gedichte, zur Silberhochzeit gewissermaßen, geschenkt, ein Gedicht, das für alle Zeiten bezeugt, was der Dichter in Christiane nicht nur gesucht, sondern auch »gefunden« hatte.

Gefunden

Ich ging im Walde
So vor mich hin,
Und nichts zu suchen,
das war mein Sinn.

Im Schatten sah ich
Ein Blümchen stehn,
Wie Sterne blinkend,
Wie Äuglein schön.

Ich wollt es brechen,
Da sagt' es fein:
Soll ich zum Welken
Gebrochen sein?

Mit allen Wurzeln
Hob ich es aus
und trugs zum Garten
Am hübschen Haus.

Ich pflanzt es wieder
Am kühlen Ort;
Nun zweigt und blüht es
Mir immer fort.

ZEITTAFEL

1749	**28.8. Johann Wolfgang Goethe in Frankfurt (Main) geboren.** Vater: Johann Caspar G., Dr. jur., Kaiserl. Rat; Mutter: Catharina Elisabeth, geb. Textor.
1765-68	Student der Rechte in Leipzig. Bekanntschaft mit Käthchen Schönkopf. *Das Buch Annette. Die Laune des Verliebten.*
1765	**1.6. Johanna Christiana Sophia Vulpius in Weimar geboren. Vater: Johann Friedrich Vulpius, Amts-Copist und Archivar, die Vorfahren Theologen und Advokaten. Mutter: Christiane Margarete entstammt einer Handwerkerfamilie. Nach dem Tod der Mutter heiratet der Vater erneut. Insgesamt 10 Kinder, u.a. ihr älterer Bruder, der Schriftsteller Christian August und die Halbschwester Ernestine. Die Familie ist ständig in Geldnöten.**
1768/69	Frankfurt (Main). Begegnung mit Susanna von Klettenberg. *Die Mitschuldigen.*
1770/71	Straßburg. Abschluss des Studiums. Durch Herder auf Shakespeare, Ossian, Volkspoesie hingewiesen. Begegnung mit Friederike Brion. *Sesenheimer Lieder.*
1771-75	Frankfurt (Main). Verkehr mit Johann Heinrich Merck.
1771	Promotion zum Dr.jur. *Zum Shakespeare-Tag. Urgötz.*
1772	Reichskammergericht zu Wetzlar. Liebe zu Charlotte Buff. *Von deutscher Baukunst.*
1773	*Götz von Berlichingen mit der eisernen Hand, Götter, Helden und Wieland, Fastnachtsspiel vom Pater Brey.*

1773-75	Dramenfragmente: *Urfaust, Prometheus, Mahomet.*
1774	*Die Leiden des jungen Werthers. Clavigo.* Rheinreise mit Lavater und Basedow. Bekanntschaft mit Prinz Carl August von Sachsen-Weimar-Eisenach. *An Schwager Kronos. Der König in Thule.*
1775	Verlobung mit Lili Schönemann. *Erwin und Elmire.* Schweizer Reisen mit den Brüdern Stolberg. Lösung der Verlobung. Stella. Beginn der Arbeit am Egmont. Einladung durch Carl August nach Weimar. Ankunft (7.11.).
1776	Geheimer Legationsrat. Goethe zieht in das Gartenhaus im Park an der Ilm. Herder als Oberhofprediger nach Weimar. Beginn der Arbeit am *Wilhelm Meister.* Freundschaft mit der verheirateten, sieben Jahre älteren Charlotte von Stein, die als vergeistigte »reine Liebe« gilt. *Die Geschwister.*
1777	Tod der Schwester Cornelia. Harzreise im Winter.
1779	Reise in die Schweiz. Leitung der Weimarischen Kriegs- und Wegebaukommission.
1779-86	Arbeit an *Iphigenie.*
1780	Ernennung zum Geheimen Rat. Mineralogische Studien. *Torquato Tasso* begonnen.
1782	Ernennung zum Kammerpräsidenten. Geadelt. Haus am Frauenplan.
1783	*Das Göttliche.* Bergbau in Ilmenau. Öffentliche Hinrichtung der Anna Catharina Höhn, die ihr Kind nach unehelicher, heimlicher Geburt getötet hat. Der Geheime Rat Goethe bestätigt das Todesurteil.
1784	Entdeckung des Zwischenkieferknochens. *Zueignung.*
1786-88	Erste italienische Reise. Heimliche Abreise (Flucht) aus Karlsbad. Aufenthalt und »Selbstfindung« in Rom. Umgang mit Künstlern (Angelika

	Kauffmann, Tischbein, Moritz, Meyer). *Iphigenie auf Tauris.*
	Reise nach Neapel und Sizilien.
1786	**Tod von Christianes Vater. Christiane unterstützt die Familie als Arbeiterin in der Manufaktur Bertuch (Herstellung künstlicher Blumen).**
1787	*Nausikaa* (Fragment). *Egmont.* Arbeit an *Faust, Tasso, Wilhelm Meister.*
1788	Kurze erotische Beziehung zu der Römerin Faustina, Witwe, Tochter eines Gastwirts. Rückkehr nach Weimar. Oberaufsicht über die Anstalten für Kunst und Wissenschaft.
	12.7. Erste Begegnung und Liebesbund mit Christiane. Sie überreicht ein Bittschreiben ihres Bruders Christian August Vulpius. Der 12.7. wird zeitlebens als Jahrestag ihrer Verbindung gefeiert.
	Entfremdung und Bruch mit Frau von Stein. **Christianes erste Schwangerschaft. Sie wohnt mit Goethe zunächst im Gartenhaus an der Ilm, später im Jägerhaus in der Marienstraße.**
1789	**25.8. Goethes und Christianes Sohn August geboren (das einzige Kind, das aufwuchs, während vier spätere kurz nach der Geburt starben). Christiane wird von Frau von Stein und anderen als »gemeine Hure« denunziert.**
	Torquato Tasso. Römische Elegien (über das Italienerlebnis und seine Liebe zu Christiane).
1790	Zweite italienische Reise. Erotisch freimütige *Venezianische Epigramme.*
	Besuch bei Schiller in Jena. Studien zur Farbenlehre. *Über die Metamorphose der Pflanzen. Faust. Ein Fragment.*
1791	Leitung des Weimarer Hoftheaters. *Der Großcophta.*

14.10. Totgeburt eines Knaben. Umbau und Einrichtung des Hauses am Frauenplan liegt in den Händen von Christiane und dem Mitbewohner, Hausfreund und Maler J. H. Meyer.

1792 **Endgültiger Einzug mit Christiane in das repräsentative Barockpalais. Sie besorgt auch weiterhin die Einrichtung von Haus und Garten.**

August bis November: Auf Wunsch des Herzogs Teilnahme am Feldzug gegen das revolutionäre Frankreich und an der Belagerung von Mainz. **Mehrmonatige Trennung von Christiane und Sohn August. Erster (erhaltener) Briefwechsel.** Kanonade von Valmy. *Die Campagne in Frankreich. Reineke Fuchs.*

1793 Mai. Erneute Reise ins Feldlager bei Mainz. **Christiane ist schwanger. Die Tochter Carolina stirbt nach zwei Wochen.** *Der Bürgergeneral.*

1794 Beginn der Dichterfreundschaft und Zusammenarbeit mit Schiller. Der Herzog schenkt Goethe das Haus am Frauenplan.

1795 Badekur in Karlsbad. Fahrt mit Sohn August zum Bergbau nach Ilmenau. **Am 30.10. wird Christianes viertes Kind Karl geboren. Tod nach wenigen Tagen.**

1796 Arbeitsaufenthalte in Jena. **Christiane, Sohn August und ihre Geschwister Ernestine und Christian August Vulpius besuchen Goethe im März und laufen Schlittschuh miteinander.** Zusammenarbeit mit Schiller. *Wilhelm Meisters Lehrjahre.* **Christiane und August besuchen Goethe mehrmals in Jena.**

1797 Regelmäßige Arbeitsklausuren in Jena. *Hermann und Dorothea.* Goethes und Schillers *Xenien.* Dritte Schweizer Reise. **Christianes Sorgen we-**

	gen einer möglichen Weiterreise nach Italien und der Kriegsgefahr. **Goethes Testament, Christiane und Sohn August als Erben eingesetzt. Beide begleiten ihn bis Frankfurt zur Mutter Aja. Herzliche erste Begegnung der beiden Frauen.**
1798	Erwerbung eines Landgutes in Oberroßla. **Christiane versorgt und verwaltet die Häuser und mehrere Gärten (Gemüseanbau).** Eröffnung des umgebauten Hoftheaters mit Schillers *Wallensteins Lager. Balladen.* Herausgabe der *Propyläen.*
1799	*Die natürliche Tochter.* Übersiedlung Schillers nach Weimar.
1800	**Mit Christiane Besuch der Leipziger Messe.**
1801	Januar: Lebensbedrohliche Erkrankung (Gesichtsrose/Osteomyelitis/ Nierenkolik), neuntägige Bewußtlosigkeit. **Christiane pflegt ihn, in großer Angst. Sohn August wird vom Herzog legitimiert.**
1802	Mit **Christiane in Bad Lauchstädt** zur Eröffnung des neuen Theaters. **16.12. Geburt der Tochter Kathinka, die nur drei Tage lebt.**
1803	Oberaufsicht über die naturwissenschaftlichen Institute der Universität Jena. **Christiane in Bad Lauchstädt.** Goethe zu Kur in Karlsbad.
1804-07	Herausgabe der Jenaischen Allgemeinen Literaturzeitung.
1805	Schillers Tod. *Epilog zu Schillers Glocke.*
1806	*Faust 1.Teil* vollendet. Schlacht bei Jena, Sieg Napoleons, Besetzung Weimars durch die Franzosen. **14.10. Christiane wehrt resolut die Plünderung des Hauses am Frauenplan ab.** Das Goethe-Haus wird Hauptquartier der frz. Generalität.

	Christiane hat 28 Einquartierte zu versorgen. 19.10. Trauung mit Christiane in der Stadtkirche.
1807	Tod der Herzogin-Mutter Anna-Amalia. **Christiane drei Wochen bei Goethes Mutter in Frankfurt.** Im Sommer Kur in Karlsbad, **Christiane in Bad Lauchstädt.**
1808	Tod von Goethes Mutter. **Christiane fährt mit ihrer Gesellschafterin/Sekretärin Caroline Ullrich nach Frankfurt, regelt die Erbschaft.** Badekur in Karlsbad und Franzensbad. Begegnungen mit Napoleon in Erfurt. *Pandora. Sonette.* August beginnt Studium in Heidelberg.
1809	*Die Wahlverwandtschaften.* Arbeit an der *Farbenlehre.*
1810	**Kur in Karlsbad, Christiane in Lauchstädt. Das Tagebuch (über erotische Treue).**
1811	**Mai-Juni mit Christiane und Riemer in Karlsbad.** *Dichtung und Wahrheit, erster Teil.*
1812	**Kuraufenthalt in Karlsbad. Christiane und Caroline Ullrich (spätere Riemer) reisen nach.**
1813	*Shakespeare und kein Ende.* Völkerschlacht bei Leipzig. **Kur in Teplitz, danach Feier der silbernen Hochzeit mit Christiane. Gedicht »Ich ging im Walde ...«**
1814	**Sechs Wochen mit Christiane in Bad Berka,** Reisen an den Rhein. Begegnung mit Marianne von Willemer.
1815	**9.1. Schwere Erkrankung Christianes (Schlaganfall). Kur in Karlsbad.** Goethe an Rhein, Main und Neckar. Letztes Treffen mit Marianne von Willemer in Heidelberg. Verbannung Napoleons. Wiener Kongreß.

	Sachsen-Weimar-Eisenach wird Großherzogtum. Goethe wird Staatsminister, zuständig für Wissenschaft und Kunst.
1816	Wiederaufnahme der Arbeit an Faust II. **Erneute Erkrankung Christianes, bettlägerig seit 29.5.** Rückkehr Goethes aus Jena. **6.6. qualvoller Tod Christianes.**
1819	*Westöstlicher Divan.*
1823	Eckermann bei Goethe. Vergebliches Werben um Ulrike von Levetzow in Karlsbad und Marienbad. Marienbader Elegien.
1828	Tod des Großherzogs Carl August.
1829	*Wilhelm Meisters Wanderjahre.*
1830	**Tod des Sohnes August.**
1831	*Dichtung und Wahrheit. Faust II.*
1832	**22.3. Tod Johann Wolfgang Goethes.**

Goethes Christiane

Hanns Dieter Hüsch

Ach was wären wir geistigen Männer
Wir Sucher und Spinner
Fantasten und Grübler
Ohne unsere geduldigen Frauen

Unser Höhenflug
All unsere Sprünge und kindischen Spiele
Wären doch bald ein dummes Geschwätz
Säße nicht jemand daneben
Der in den Schlaf uns nimmt

Kommen wir heim
Erschöpft und mit Trauer bekleidet
Wird doch die Küche zum Festsaal
Und Liebe leuchtet durchs Leben hindurch

Wenn wir heute des Dichters gedenken
Und seine Verse uns schenken
Vergessen wir oft jene Frau
Die den Meister wohl sehr genau
Wohl am genauesten kannte
Als »Bettschatz«
noch heute mokant belächelt

Christiane
Das kleine Naturwesen
Wie man sie nannte

Früh schon für den Unterhalt
Der eigenen Familie gesorgt
Als Arbeiterin in der Blumenfabrik

Den Bruder gefördert
Armut gelernt
Dann dem Dichter
Über den Weg gelaufen
Der dachte:

»Ich wünsche mir eine hübsche Frau
Die nicht alles nähme zu genau
Doch aber zugleich am besten verstände
Wie ich mich selbst am besten befände«.

Einen Knicks gemacht
Und den Dichter um Hilfe für ihren Bruder gebeten

»Einst erschien sie auch mir, ein bräunliches Mädchen
Die Haare fielen ihr dunkel und reich über die Stirne herab
Kurze Locken ringelten sich ums zierliche Hälschen
Ungeflochtenes Haar krauste vom Scheitel sich auf«

So fing es an:

Und wer hat dem Meister dann sein Lieblingsessen gekocht
Wer hat ihn in bitteren Stunden zu trösten vermocht
Wer hat das Geld umsichtig klug verwaltet
Wer hat die Feste für Gäste gestaltet
Im Hause am Frauenplane
Goethes Christiane

Wer hat die Familie zusammengehalten
Wer wusste stets frohes Zusammensein zu entfalten
Wer fuhr nach Frankfurt viele Meilen
Um den Nachlass der Schwiegermutter aufs beste zu teilen

Wer hat all das trotz Neidern und Spöttern gewagt
Wer hat – Wolfgang, Du musst Dich jetzt schonen – gesagt

Und wenn manchmal nicht alles zum Besten schien
Wer hat ihm romantische Episoden verziehn
Im Hause am Frauenplane
Goethes Christiane

Goethe, die Pflanzen, die Farben, der Faust
Das Genie, der Minister, wie hält man das aus
Christiane, mit wenigen Ausnahmen immer zu Haus
Wenn der Dichter auf Reisen ging
Und seine Verse bei anderen fing

Wer hat ihn vor der Soldateska beschützt
Wer hat ihm bei der Theaterarbeit oft genützt
Und ihm das Dichten leicht gemacht
Und ihm sicher auch einmal die Meinung gesagt
Im Hause am Frauenplane
Goethes Christiane

Wer hat den Garten zum Paradies gemacht
Wer hat mit ihm gescherzt und gelacht
Wer hat gegen allen Tratsch einfach durchgehalten
und immer von neuem begonnen
Und selbst Schopenhauers Mutter zur Freundin gewonnen

Wer hat ihm fünf Kinder geboren
Und vier sind schon ganz jung gestorben
Wer hat sich an ihn zur Gänze verloren
Und nichts ist dabei verdorben
Im Hause am Frauenplane
Goethes Christiane

»Doch was im Garten
Am reichsten blüht
Das ist des Liebchens
Lieblich Gemüt«

In der Früh um viere
Begraben
Gestorben an Urämie
Das ist Blutvergiftung
Durch Nierenversagen
Nun wer denkt schon in diesen Tagen
– von der höfischen Herrschaft
Den eitlen Geistern und Schranzen
An ihrer Spitze die Frau von Stein
Lange verlacht und verleumdet –
An das ungebildete Mädchen aus der Fabrik

Und was war danach
Die Familie – man kann nicht sagen –
Zerfiel
Aber Sohn August ein Schattenspiel
Überlebt den Vater nicht
Stirbt in Italien
Goethe fleißig und tätig
Freude an den Enkeln
Aber schon: Über allen Gipfeln ist Ruh
Warte nur balde ...

»Der menschliche Zustand ist so hoch im Leiden und Freuden gesetzt, daß gar nicht berechnet werden kann, was ein Paar Gatten einander schuldig werden. Es ist eine unendliche Schuld, die nur durch die Ewigkeit abgetragen werden kann«

Zusammenfassend das Gelassene und das Getane
Gedenken wir auch, meine Lieben, heute
seiner Christiane.

Nachwort

Wer den Dichter will verstehen
Muss in Dichters Lande gehen

Der Dichter und Kabarettist Hanns Dieter Hüsch (1925-2005) schrieb seine Hommage auf Christiane zum 150. Todestag Goethes und stellte mir sein Manuskript drei Jahre später zur Verfügung für eine, schon damals geplante, Buchausgabe. Entstanden war sein Text im Zusammenhang mit dem Christiane-Feature »Leb wohl Du Süßer!« (SDR, Studio Heidelberg), für das Hüsch die Rolle des Erzählers übernommen hatte. Er betrachte dieses Gedicht auch als Danksagung an seine eigene Frau »Frieda«, die im Mai 1985 nach langem Leiden verstorben war, sagte er.

Damals, vor über 25 Jahren, gab es noch nicht die biografisch einfühlsame Würdigung eines Eckart Kleßmann oder die gründliche einer Sigrid Damm. Damals bestimmten noch immer die Verächter, Bagatellisierer und Spötter das Bild dieser Frau und vor allem die Goethe-Vergötterer und VerehrerInnen, die gern eine andere, »Ebenbürtige«, an der Seite ihres Säulenheiligen gesehen hätten.
  Und noch immer kursierte in den Sandkästen des Bildungsbürgertums, mir gut im Ohr, der kindische Leberreim:
  »Die Leber ist von einem Hecht
  Und nicht von einer Kröte.
  Und ist ein Mädchen dick und dumm
  Dann wird es Frau von Goethe!«

Klar, dass wir uns herausgerufen sahen, hier etwas zurechtzurücken, Christiane vor jahrhundertelanger Diffamierung und Verleumdung in Schutz zu nehmen.
  Nicht nur vor den Schulmeistern und Literaturgelehrten des 19. und 20. Jahrhunderts musste man damals noch Goethes Liebste in Schutz nehmen, auch vor hochnäsigen Geistesgrößen

wie etwa Thomas Mann, der noch 1948 von »einem kleinen Blumenmädchen, sehr hübsch und gründlich ungebildet« fabulierte und sie als »un bel pezzo di carne« abtat.

Die poetische Hommage des Kabarettdichters ist daher nicht ohne Grund noch dem Apologetischen verhaftet. Auch Hanns Dieter Hüsch wollte ein schiefes Bild zurechtrücken und eine Dichtergattin würdigen, die er als idealtypisch für viele große Künstler-Frauen sah, einer Christiane, die nicht nur als Muse, Gefährtin und Geliebte unterschätzt war.

Man (oder frau) werden ihr andererseits aber auch keineswegs gerecht, wenn man sie mit heutiger Emanzipationseinstellung als unterdrückte, ausgebeutete, betrogene »Frau an seiner Seite« bemitleiden und bedauern wollte. Denn dabei übersähe man (oder frau) ja ihre durchaus eigenständige Lebensleistung und dass Christiane, wie andere Künstlergefährtinnen auch, durchaus auf ihre Kosten kam, dabei selbstbewusst, tapfer und lebensfroh war und mit Liebe und Leidenschaft Kunst und Künstlertum ermöglichte.

Natürlich galt es auch, Goethe in Schutz zu nehmen vor denen, die ihn allein auf sein Papierwerk einengen und in überirdische Höhen heben wollen. Sicher war auch er befangen in seiner Zeit und gesellschaftlichen Stellung. Und privat auch nicht immer ein Gott und Genuss. Wir wollen dem Olympier einfach mal glauben, dass Christiane das Beste war, was ihm passieren konnte, und denken, dass auch Damen von der Sorte von Stein oder von Lengefeld nicht auf gleicher Höhe gestanden hätten und ihn, zumal im täglichen Umgang, gewiss nicht glücklicher gemacht hätten.

Am Ende ist nicht zu übersehen, dass er ein leidenschaftlich Liebender war und dass er ein Leben lang zu seiner Liebe stand. Und dass er trotz mancher Schwächen, höfischer Rücksichtnahme und vielleicht auch Feigheit schließlich auch im privat Menschlichen Größe zeigte und sich nicht irremachen ließ von denen, die ihm ihr eigenes Korsett anlegen wollten. Denn immer wenn Christiane gescholten und missachtet wurde, meinte es am Ende ja auch ihn, seine eigene Lebensweise, seine Lebenskunst. Und so wundert es nicht, dass er Bettina Brentano und Achim von Arnim aus dem Haus warf, als sie seine Christiane schmähten.

Über Christianes Tod ist endlos spekuliert worden, Kaltherzigkeit, Gleichgültigkeit, Abwesenheit, mangelnde Anteilnahme konstruiert worden. Noch einmal schlagen die Verächter der Beziehung zu. Andere setzen moralische Ellen an. Die Berichte widersprechen sich. Der qualvolle Tod durch Nierenversagen, die epileptischen Anfälle, der selbst bettlägrige Gatte hätte nicht sinnvoll helfen können. Aber wer war wirklich Augenzeuge bei der Intimität ihres letzten Kampfes, wer hütete die Schwelle? Dass der Hinterbliebene Gefühle und Trauer nicht öffentlich zur Schau stellte, schließt diese nicht aus.

Dass er auswich, sich ablenkte, vielleicht den Ernst der Todesstunde nicht wahr nahm, das Endgültige nicht glauben wollte – wer will das beurteilen?

Von Christiane, der Vielgescholtenen und Missachteten, wurde allerdings auch viel Gutes geredet. Von denen, die ihr wirklich begegnet sind. Zum Beispiel schrieb Elisa von der Recke nach ihrem Tod an Johanna Schopenhauer:

»Wodurch sich die Tote mir empfohlen hat, ist, dass ich sie nie von andern Böses sprechen hörte.«

Selbst unermüdliche Lästerzungen wie Frau von Schiller oder die immer wieder mit Kuchen und Spargel beschenkte Frau von Stein, oder Bettina von Arnim, die Christiane als »tollgewordene Blutwurst« beschimpft hatte, bissen sich zahnlos an ihrer Liebenswürdigkeit.

Das beste Zeugnis stammt sicher von Goethes Mutter:

»Du kannst Gott dancken! So ein Liebes, herrliches, unverdorbenes Gottes Geschöpf findet mann sehr selten, wie beruhigt bin ich jetzt ... über alles was dich angeht und was mir unaussprechlich wohl tat, war, dass alle Menschen, alle meine Bekanndten sie liebten, es war eine solche Hertzlichkeit unter ihnen, die nach zehnjähriger Bekandtschaft nicht hätte inniger

91

seyn können, mit einem Wort, es war ein glücklicher Gedanke Sie mir und allen meinen Freunden zu zeigen, alle vereinigen sich mit mir dich glücklich zu preißen.«

Gewiß gab es auch im Verlauf der 28 Jahre dieser Partnerschaft Krisen, Verstimmtheiten, Eifersucht, Gramseligkeit, aber doch erstaunlich selten. Sicher war dieses Gelingen hauptsächlich Christianes Leistung, die mit wachem Verstand Familie und Haushaltung managte, ihre persönliche Befindlichkeit, auch Eifersucht, hintan stellte, eigene Krankheit bagatellisierte und Problematisches fernhielt, die Goethes Sensibilitäten und Hypochondrien zu nehmen verstand und ihm den Rücken frei hielt, dabei aber immer auch um ihr eigenes Glück kämpfte. Aus den Briefen und Lebenszeugnissen wird deutlich, dass sie das geschafft hat und am Anfang und am Ende, allen Widrigkeiten zum Trotz, auch selbst nicht zu kurz gekommen ist.

Die vorliegende Zusammenstellung will nicht mehr und nicht weniger als eine kurzweilige Auslese sein, daher enthält sie nur wenige ausgesuchte und als typisch verstandene Briefauszüge. Sie erlauben dem Leser, sich ein eigenes Bild von einem Paar zu machen, das wir zunächst einmal einfach nur Christiane und Wolfgang nennen wollen.

Bei Briefwechseln ist es naturgemäß so, dass sie in Zeiten der Distanz und Trennung ihre Höhepunkte haben. Die heißen Phasen der Verliebtheit und erotischen Beziehung bleiben außen vor oder finden sich poetisch gefiltert im literarischen Werk wieder. Aus den Briefen erfahren wir über Wolfgangs und Christianes heimliche Flitterzeit im Gartenhaus und die vielleicht schönsten Jahre ihrer »Wilden Ehe« nur wenig.

Erst als der Dichter nach vier Jahren mit seinem Herzog in den Krieg ziehen muss und aus dem jungen Glück herausgerissen wird, lesen wir Intimeres: Trennungsschmerz, Sehnsucht nach dem geliebten Partner und Entbehren der Zweisamkeit stehen im Vordergrund.

Mehr als 600 Briefe von Wolfgang und Christiane sind überliefert, die der Nachwelt ein recht genaues Bild dieser außergewöhnlichen Liebes- und Lebensgemeinschaft liefern. Wenige Künstlerehen sind so dauerhaft dokumentiert: Und doch ist es nur ein Bruchteil der tatsächlich geführten Korrespondenz (leider fehlen die ersten vier, und später ganze Jahrgänge). Doch trotz der erheblichen Lücken bieten die vorhandenen Briefe einen unschätzbaren Einblick hinter die Kulissen der »Weimarer Klassik«, in den Dichteralltag, die Haus- und Gartenwirtschaft, das Feiern und Essen, die Freuden und Sorgen der kleinen Familie und in ihr Lebenskunstwerk, eine außergewöhnlich große Liebe und jahrzehntelang glückliche Verbindung.

Weiterführende Literatur:
Hans Gerhard Gräf (Hrsg.): Goethes Briefwechsel mit seiner Frau. 2 Bde., Frankfurt am Main 1916.
Wolfgang Vulpius: Christiane. Kiepenheuer Verlag, Weimar, 1953.
Wolfgang W. Parth: Goethes Christiane, München, 1980.
Eckart Kleßmann: Christiane – Goethes Geliebte und Gefährtin, Zürich 1992.
Sigrid Damm: Christiane und Goethe. Frankfurt am Main, 1998.

Die vorliegende Textauswahl folgt den Manuskripten zweier Sendungen, dem Hörfunk-Feature »Leb wohl Du Süsser!« (SDR, Studio Heidelberg) mit Hanns Dieter Hüsch als Erzähler, sowie der Briefwechsel-Fernsehreihe »Absender« (SDR 1982). Christiane wurde von Maria Schell, Goethe von Will Quadflieg dargestellt, als Erzähler wirkte Dieter Borsche mit. Die Briefauswahl erfolgte nach funk- und fernsehdramaturgischen Gesichtspunkten. Die ursprünglichen Manuskripte wurden für dieses Buch zusammengefasst und überarbeitet.
Die Briefe wurden zugunsten der Verständlichkeit/Lesbarkeit gekürzt und neu arrangiert, die Orthografie angepasst. Auch wurde bei sich überschneidender Korrespondenz die Chronologie gelegentlich geändert, um thematische Zusammenhänge aufzuzeigen oder ein briefliches Wechselgespräch zu rekonstruieren.
Vollständigkeit und philologische Genauigkeit findet der historisch-kritisch interessierte Leser in anderen Ausgaben des Ehe-Briefwechsels, deren weiterführende Lektüre hiermit ausdrücklich empfohlen sei.
Dank an Gisela und Helga Krausnick für hilfreiches Lektorieren.

Michail Krausnick im Wellhöfer Verlag

MICHAIL KRAUSNICK

Der Pfälzer Al Capone

224 Seiten, 12,80 Euro
ISBN: 978-3-939540-44-1

Ende der 50er Jahre sorgte er als Al Capone von der Pfalz für Schlagzeilen:

Bernhard Kimmel, berüchtigt als der „erfolgreichste Tresorknacker der Adenauer-Ära". In einem biografischen Roman erzählt Michail Krausnick die Entwicklung eines Mannes, dessen Taten einst die Republik erregten. Was als romantisches Räuber- und Gendarm-Spiel und jugendliches Aufbegehren begann, endete in Schuld und lebenslanger Haft. Erzählt wird zugleich ein Stück Zeitgeschichte: eine Kindheit und Jugend in den Kriegs- und Nachkriegsjahren, außergewöhnlich und symptomatisch für die Zeit der Halbstarken und Frühreifen, der Alt-Nazis und Wirtschaftswunderbäuche.

Der legendäre Bandenchef ist heute ein von seiner Schuld gezeichneter Mann, der über 30 Jahre hinter Gefängnismauern verbüßte und schließlich in künstlerischer Arbeit eine neue Perspektive fand.

Michail Krausnick zeichnet in klarer, fesselnder Sprache die Biographie dieses „Räubers unserer Tage" nach. Fasziniert verfolgt der Leser den zweifelhaften Aufstieg des jungen Bernhard Kimmel zum meistgesuchten Gangster der Republik. Krausnick gelingt es, einem Stück Zeitgeschichte Atem einzuhauchen und die psychologischen Hintergründe aufzudecken.
Mannheimer Morgen

„Al Capone und Hilly im Pfälzer Wald" – Eine Story wie aus dem Kino. Spannende Zeitgeschichte; ein packendes Zeitpanorama der Kriegs- und Nachkriegsjahre.
Rhein-Neckar-Zeitung

www.wellhoefer-verlag.de

Michail Krausnick im Wellhöfer Verlag

MICHAIL KRAUSNICK

Beruf: Räuber

208 Seiten, 9,80 Euro
ISBN: 978-3-939540-38-0

Das Buch ist so spannend zu lesen wie ein Krimi.
Nur: Es ist kein Krimi.

Den Mannefriedrich und die Hölzerlipsbande hat es wirklich gegeben: Zwischen Spessart und Odenwald trieben sie ihr Unwesen. Im Mai 1811 haben sie an der Bergstraße bei einem Postkutschenüberfall einen Kaufmann getötet, sind später gefasst und in Heidelberg mit dem Schwert hingerichtet worden.

Michail Krausnick hat nach alten Akten und Gerichtsprotokollen eine historische Reportage geschrieben, in deren Mittelpunkt ein Räuberdichter zur Schillerzeit steht: Philipp Friedrich Schütz, genannt Mannefriedrich, ein Liedermacher, Märchenerzähler und Musikant. Seine in der Heidelberger Haft in die Kerkerwand geschriebenen Lieder erzählen vom Leben der Vaganten und der Not der Arbeits- und Obdachlosen.

„Die Armut, die war freilich schuld,
Weil man sie nicht mehr hat geduld't.
Die großen Herrn sind schuld daran,
Dass mancher tut, was er sonst nicht getan!"

Der mehrfach ausgezeichnete Räuber-Klassiker (über 70 000 Exemplare) in überarbeiteter Neuauflage.

www.wellhoefer-verlag.de

Die Reihe *Absender* im Wellhöfer Verlag

MICHAIL KRAUSNICK

Du bist mir so unendlich lieb

96 Seiten, 9,80 Euro
ISBN: 978-3-939540-63-2

Michail Krausnick hat die romantisch-tragische Liebesbeziehung dreier Musiker aus ihren Briefen und Tagebüchern herausgelesen und zusammengestellt.

»Ich lasse nicht von Dir!«

schreibt Robert an Clara, die als Wunderkind gefeierte Tochter seines Klavierlehrers. Doch der Vater sucht mit allen Mitteln eine Verbindung mit dem neun Jahre älteren Musiker zu verhindern. Nach jahrelangem Kampf erstreiten die Liebenden die Heiratserlaubnis.

»Deine Briefe sind mir wie Küsse«

schreibt der zwanzigjährige Johannes an die Frau des Komponisten Robert Schumann. Während die vierzehn Jahre ältere Clara als Pianistin den Lebensunterhalt für die Familie verdient, kümmert sich der junge Musiker um ihre Kinder und den kranken Freund, der nach einem Selbstmordversuch in der Nervenheilanstalt lebt – aus Zuneigung, Trost und Zärtlichkeit wird mehr: »Die Leiden des jungen ... Brahms«

www.wellhoefer-verlag.de